跑步者指南
——打造健康核心区

怎样增大你的跑步引擎马力

原著　丹尼尔J. 弗雷
主译　徐建武　朱丽敏　解　犁
主审　李建亚

图书在版编目（CIP）数据

跑步者指南：打造健康核心区 /（美）丹尼尔J. 弗雷（DANIEL J. FREY）著；徐建武，朱丽敏，解犁主译. -- 沈阳：辽宁科学技术出版社，2018.3

书名原文：The Runner's Guide to a Healthy Core

ISBN 978-7-5591-0866-1

Ⅰ. ①跑… Ⅱ. ①丹… ②徐… ③朱… ④解… Ⅲ. ①跑－健身运动－基本知识 Ⅳ. ①R161.1

中国版本图书馆CIP数据核字(2018)第164482号

The Runner's Guide to a Healthy Core

DANIEL J. FREY

重要提示

正如每一门科学一样，医学正在不断发展。研究与临床试验扩展了我们对知识的认识。治疗与药物治疗尤为如此。作者、编辑与出版社在本书中倾注了大量时间与精力，本书中的表述符合当前科学现状。药方已经过考量与尝试，练习效果已在实践中得到了验证，但我们无法给出确切的保证。免除作者、出版社及其人身、财产安全的责任。

受保护商品名称（商品商标）未明确指出。因采纳上述建议所导致的问题概不负责。

本书及其所有相关内容受版权法保护。未经出版社许可不得超出版权保护法规定的使用范围，作者保留追究一切责任的权利。该条规定适用于复制、翻译、影印以及电子系统的储存与加工。

出版发行：辽宁科学技术出版社
　　　　　北京拂石医典图书有限公司
地　　址：北京海淀区车公庄西路华通大厦B座15层
联系电话：010-57252361/024-23284376
E－mail：fushimedbook@163.com
印 刷 者：北京时尚印佳彩色印刷有限公司
经 销 者：各地新华书店

幅面尺寸：170mm×240mm
字　　数：223千字　　　　印　　张：10.5
出版时间：2018年7月第1版　　　　印刷时间：2018年7月第1次印刷

责任编辑：李俊卿　　　　责任校对：梁晓洁
封面设计：咏　潇　　　　封面制作：咏　潇
版式设计：咏　潇　　　　责任印制：高春雨

如有质量问题，请速与印务部联系　联系电话：010-57262361

定　　价：68.00元

序

我很幸运能从事跑步这项伟大的运动，而且自身有很大的身体优势。我的跑步生涯始于中学和高中时期，随后我进入威斯康星大学，在那里我赢得了五个 NCAA 冠军。那时，在整整九年的时间里我非常幸运地成为了耐克赞助的跑步者。在那段时间里，我成为全美首个万米跑进 27 分大关的人，并组建了两支世界冠军团队。我本来希望我的职业生涯能够持续更长时间，但是却因为严重的股后肌群拉伤而不得不退役。之后，我进入了大学执教，首先在波特兰大学，现在在威廉和玛丽学院。

作为职业生涯戛然而止的一名职业跑步运动员，后来又成为一名教练，我希望能为我的队员提供最好的帮助，我知道并理解拥有一个强壮且健康的核心功能的重要性。当队员们正在通过 beach body 健身平台课程进行训练时，我经常向他们推荐这种思想，但是我知道远不止于此。跑步者的成功与他们核心功能的强弱密切相关。

我总是被问及长跑成功的“秘诀”是什么。我的回答始终如一，从未改变。跑步没有秘诀或捷径，只能是纯粹的日复一日地跑。为了使自己变得更加强大，跑步者必须重复跑步—恢复—再跑步这一循环。这有很多不同的层次，你可以在任何等级上取得成功，但秘诀和捷径总归还是跑步—恢复—再跑步这一循环。

伤病会打乱上述周期，从而阻碍跑步者进步。这就是为什么任何水平的跑步者都在追求保持健康——他们尝试新的鞋子、新的器具，咨询专家并阅览无数书籍。我跑步职业生涯的结束并不是因为丧失了对跑步运动的渴望，而是因为无法保持足够的健康以支持世界级的跑步—恢复—再跑步训练。由于伤病，我的职业生涯在断断续续中进行，这使我的水平无法更进一步提高。

如果丹·弗雷在我职业生涯早期完成了《跑步者指南——打造健康核心区》一书，我的职业生涯将会是另外一番景象。本书中丹为我们提供了作为跑步者所需的近似于秘诀或捷径的知识。如果在我的跑步巅峰时期，我可以随身携带这本书，那将是一件多么幸运的事，因为这本书是指导怎样保持身体健康和保持跑步—恢复—再跑步这一循环的指南。另外，丹在整本书中运用了通俗易懂的术语明晰了人体核心功能这样一个易混淆的概念。

这本书的绝妙之处在于，不仅展示了跑步时身体是怎样运转的，同时可使跑步者深入了解在出现潜在问题之前如何识别自己的弱点。本书中的最大亮点是力量练习，参考本书你会发现并解决每个问题。多年来从众多世界级运动员和教练员中汲取的跑步经验精华全部汇总在该书中，你可以根据自己的需求信手拈来。

丹还为最佳的跑步姿势提供了很好的建议，教你正确的呼吸方式和有效的跑步姿势。这些小技巧将有助于大幅提升成绩，并让你比以往更健康。很高兴在年初读到这本书，我当然打算让我的团队人手一本。

好好阅读本书，坚持每天训练，加油！

Chris Solinsky

美国前万米记录保持者

前言

在美国，跑步比以往更受欢迎了。根据国家体育用品协会的统计，超过900万的美国人每年跑步的天数在110天以上。另外有1900万人每年跑步的天数在25至109天之间。近年来，这些数字每年都在不断攀升，因为越来越多的人认识到，有规律的跑步计划是方便、有效，且能带来很多益处的。

不幸的是，这些跑步者中有许多人会受伤。根据可靠的研究数据，每年有25%–80%的跑步者会遭受明显影响训练数量和/或质量的伤病。

跑步者受伤的原因有很多，但最主要的原因是重复性过劳超过了当前身体能够承受的极限。你可以想像一个久坐超重的人开始跑步的情形，那么这个观点或许就容易被接受了。你可能会说，这样的人跑步是为了身体健康，但事实是他根本没有一个适合跑步的身体。跑步时多余的体重在运动时会给关节带来很大的压力，并且多年不活动可能意味着他们跑步时缺乏保持良好姿势的全身性力量。

不那么容易接受的一点是，即使是最优秀和最瘦的长跑运动员也同样可能容易受伤，并且由于类似的原因，他们的力量不足以在整个跑步过程中使其保持良好的技术。 他们跑得越快、越长，他们的姿势越可能出现变形，最终导致受伤。

关于核心的问题

大多数跑步者不能有效控制其核心肌肉组织。在我为跑步者做物理治疗时，我一次又一次地看到——腹部和臀部之间某处肌肉力量的匮乏可以导致身体任何部位的受伤。

现代生活中有两个方面的因素常常导致跑步者缺乏有利健康的核心功能。一方面是，许多跑步者在电脑前或是在车内度过了大部分非跑步时间。这样可能会导致他们力量不足或姿势错误，从而影响跑步技巧。另一方面是，人们的生活节奏加快，工作更加匆忙。在没有足够热身的情况下，穿上跑步鞋走出大门便开始跑步是稀松平常的事情，跑步之后几乎又马上回到跑步之前的生活状态。以上两点都说明我们还没有把塑造良好跑步身体的练习作为跑步计划的全部。

事实很简单：健康跑步的根基是一个坚强稳定的核心。在本书中，我们将深入探讨你的核心究竟是什么（这比六块腹肌重要得多）。当你跑步的时候，我们会看到你的核心是如何发挥作用的。对核心这个概念的充分理解会告诉你一个健康的核心对你的跑步是多么重要。

一般情况下，了解了跑步者的核心之后，我们将个性化地聚焦于你的核心。你将学习如何评估核心的力量，更重要的是评估核心的弱链。这些弱链将成为未来训练的重点。

介绍髋关节强化和核心稳定的同时，我们还将详细介绍柔韧性和软组织灵活性。最后，我们将深入研究核心和更有效的跑步技巧之间的关系。你将了解为什么改良跑步过程中的姿势至少与改进滑雪或高尔夫等运动中的姿势一样重要，跑步姿势与跑步的成绩息息相关。

通过对这些区域的深入了解，你可以根据自身需求设计一个核心训练计划，从而使自己成为一名更优秀的跑步者。

关于我自己

我对跑步了如指掌，但更重要的是，我了解跑步者，因为我整个人生中最重要的角色就是跑步者。在体育老师的建议下，我三年级时参加了第一次公路赛，一场在我成长的宾夕法尼亚州小城市街道上举行的一英里比赛。我对这场比赛记忆犹新。比赛中我穿着一双篮球鞋，这使我看起来像个怪胎。幸运的是，我以不到 6 分钟的成绩完成了比赛。

更重要的是，我发现了自己的跑步天赋。整个高中生涯我都在参加跑步比赛，毕业后继续参加特拉华大学的 I 级越野赛和室内外赛道比赛。我的最好成绩是 1500 米 4'05'' 和 8 公里越野赛 26'37''。大学毕业以后，我一直参与赛道、越野和公路（包括超级马拉松）比赛。我也参与一些荒诞的跑步活动，推着婴儿车内的两个儿子，还有两只狗在我身边。这些跑步是疯狂的，但又让你欲罢不能。除了竞争之外，跑步是我生活中排解日常压力和保持积极态度的主要手段。总的来说，我热爱跑步。

我从小立志把自己对跑步的热爱转变为终身的职业。我首先学习了运动生理学，并在特拉华大学获得了体能训练以及生物学的双学位。然后，我在缅因州波特兰市新英格兰大学获得了物理治疗学博士学位。很幸运，我现在在波特兰这样一个积极向上的地方生活和工作，在我的工作中每天都会与跑步者打交道。

如果你也对跑步感兴趣，你需要花一些时间消化你阅读本书时所学到的核心知识。我对你提供的建议是：把你在这里阅读的部分知识应用于你即将进行的每次跑步。作为一名跑步者，你应该清楚不积跬步无以至千里。改变并不容易，但通常需要做的就是使动作更优雅。全面了解你的核心并全面执行计划，会使跑步更有效率并且使受伤的风险最小化。

丹尼尔 J. 弗雷

作者简介

丹尼尔·J·弗雷，物理治疗学博士（DPT），Mulligan手法认证治疗师（CMP），美国体能学会认证体能训练专家（CSCS），是缅因州波特兰市的知名矫形和运动物理治疗师。丹在新英格兰大学获得了物理治疗博士学位。在此之前，他曾就读于特拉华大学，并在那里获得了运动生理学学士学位，同时还辅修了体能训练和生物学课程。

丹擅长跑步者的治疗，在步态分析和运动生物力学方面有着深厚造诣。他会定期与包括文娱人士和专业运动员在内的各种病人打交道。在特拉华大学的时候，丹驰骋在越野、室内赛和室外赛的I级赛场上，并且在高年级时成为了各队的队长。他是一个狂热的跑步者，他对跑步的涉猎范围从400米到50公里不等。他还喜欢在缅因州的森林里骑自行车、登山、滑雪和徒步旅行，享受着美好时光。

目 录

第一章 什么是核心？*

如果我问你一个苹果的核心是什么，你会说什么？如果你和大多数人一样，你会回答说，就是苹果中间的部分——即种子所在的部分、柄和你不吃的一些东西。你的答案可能会包括多个部分。

但是，如果我问你身体的核心是什么，那么你可能会回答“我的腹肌”。确实，腹肌（腹直肌的简称）的确是核心的重要组成部分。但是，如果我们把自己的身体想象成一个苹果，那么理所当然的是苹果的底部应该有东西，中间应该有东西（如种子），顶端应该有东西（如柄）。

换句话说，核心就是身体中间的一切。核心是位于身体中部中心位置的解剖学上的一个复杂部分，而不是好看的六块腹肌。了解构成核心的基本解剖结构，骨骼和软组织是至关重要的，这样你才能更好地理解核心怎样与跑步相关。有了这些知识，你就会更好地理解正确的技术，因为它涉及到体能和跑步技巧，以及如何改善二者。

*：译者注，书中“核心”特指本章中所述核心区的结构及功能。

以另一种方法解读核心

想要更详细地了解你的核心，请画一个跑步鞋的鞋盒。鞋盒的结构是相当简单的：两个侧面，一个正面和一个背面，一个底部，一个顶部（通常连接一个铰链），当然，鞋子就在盒子里面。这个描述中缺少的一件事就是箱子里面的空气。在第6章中，我们将深入探讨为什么空气（或者说呼吸）是核心健康和性能的重要部分。

首先，画出构成核心的骨骼。骨盆带由与背部的楔形骶骨相连的两侧髂骨组成。从骶骨向上延伸的是一系列被称为椎骨的骨骼。腰部或者说下背部有五块椎骨，胸椎有十二块椎骨，这里与肋骨相连。背椎通过椎体背部的关节突关节进行关节连接。椎体上背部有两个关节，下背部有两个关节。

每个椎骨的较大组成部分之间是一个椎间盘。椎间盘形似果冻甜甜圈。在其外周是纤维环结构，里面是果冻状物质。肋骨环绕身体的前部连接到胸骨。胸椎、肋骨和胸骨共同称为胸廓。

为了更清晰地进行描述，这里还要提及股骨，也就是大腿骨。股骨通过球窝关节与两侧骨盆相连。

以上内容涵盖了你的核心骨骼。现在我们需要介绍将上述骨骼连接在一起的更复杂的软组织的解剖结构。

核心的软组织

让我们重新审视鞋盒的类比，并将其联想为组成核心的软组织。我们将从人们最熟悉的区域开始，即盒子的前面。我们把盒子的前面比作人体核心，那么核心是由腹壁组成的。

腹壁有多层，重叠贯穿于你的核心。腹直肌，也就是大家看到的六块腹肌中最光鲜亮丽的部分，是前面的第一层。它从胸骨延伸到耻骨。腹直肌的单独收缩会使你的身体向前蜷缩，如做仰卧起坐。

我们还应该将髋部前面视为鞋盒正面的一部分。这里的主要肌肉群是髂腰肌，通常被称为髋屈肌。这是由三块肌肉组成的肌肉群，起自腰椎和骨盆后部，向髋关节前方延伸，连接在股骨上部内侧部分。髂腰肌的收缩可以屈髋，抬起你的膝关节离开地面，或者像仰卧起坐一样向前拉动你的脊椎。

髋部是核心的一个部分，让我们进一步检查连接在骨盆上的其他肌肉。在髂腰肌肌群外面的是阔筋膜张肌，简称 TFL。这是一个连接在骨盆前面的小肌肉。它延伸到一个被称为髂胫（IT）束的长而薄的肌腱带上，这是一个大多数跑步者只是在受伤后才想到的一块肌肉。它沿大腿外侧纵向延长，并连接在膝关节以下。 IT 束负责大腿离开身体向外侧移动。

继续向TFL内侧观察，可以发现股直肌，这是股四头肌四块肌肉中的一块。我们将重点介绍这块肌肉，因为它是穿过髋关节并连接在骨盆上的唯一一块股四头肌。股直肌从髋关节前方向下延伸到膝关节，通过膝盖帽（髌骨）连接肌腱，最后连接到胫骨。像许多肌肉一样，它具有双重功能，它的作用是屈髋或伸膝。

最后，需要提及髋部前部内侧的几块肌肉。这些肌肉起自骨盆前方的耻骨。首先是内收肌群，包括大收肌、小收肌和长收肌。这三块肌肉一起向内侧牵拉大腿，有助于大腿向后的伸展。其他两块肌肉，耻骨肌和股薄肌，有相似功能。它们也起自耻骨上支和耻骨下支，然后连接大腿上。正如你所见，核心的前面是十分复杂的。

核心的底部

现在让我们来看看鞋盒的底部。这个区域大多是由骨盆带组成的骨骼。这组骨骼就像一个中间有一个大洞的碗。这里我们着重介绍骨盆中由多块小肌肉覆盖中间大洞的骨盆底。这些肌肉对于控制肠和膀胱功能以及维持对上面的内脏器官的支撑是必不可少的。

观察鞋盒的两侧面，我们再回到腹壁。此前我们看到腹壁为多层，这里的层数比核心前面更多。这里有三块肌肉需要介绍。最内层是腹横肌（TA），中间层被称为腹内斜肌，最外层是腹外斜肌。

可以将腹横肌想象为背带。它从腰部延伸出来，包住腹部的两侧，并连接在前面。当腹横肌收缩时，它会以环状向内压缩。腹内外斜肌与腹横肌具有相似的路径，但不同之处在于它们的纤维以纵横交错的形式重叠。它们的作用是以扭曲的方式转动腹部。

正如我们像观察盒子前侧一样探讨髋部前侧，让我们像观察盒子侧面一样探讨髋部外侧。这里起作用的肌肉起自骨盆和骶骨。在这个区域开始与盒子背面紧密融合，为了便于理解，我们将把它们视为侧面的一部分。最深层通过髋部回旋肌连接。这些肌肉包括梨状肌、两个闭孔外肌、两个孖肌，以及股方肌。这些肌肉的收缩可以使髋关节向内和向外旋转。

现在我们来看看大多数人所说的臀肌。臀肌由三部分组成，其中两部分为臀中肌和臀小肌，更靠外侧。它们的主要作用是外展（使腿部离开身体向外侧移动）。第三部分是臀大肌，更多来自内骨盆和骶骨。与其他两块臀肌相比臀大肌面积更大——考虑到它的大小，我的一位教授曾经把这种肌肉叫做伦敦烤肉。它的块头和位置使其具有伸髋或向后伸腿的作用。

在臀肌下方是腘绳肌。这是由以下三块肌肉组成的肌肉群:股二头肌、半膜肌和半腱肌。这些肌肉均起自于坐骨结节,向下连接在膝关节下方。它们的收缩可以使膝关节弯曲,也可以使大腿伸展。

核心的背面

继续我们的鞋盒比喻,盒子的后面将是从骨盆顶部向上至肋骨或下背部位置。中央是腰椎。沿着一节节的椎骨是一组更深层的肌肉,称为回旋肌和多裂肌。这些肌肉在脊柱的旋转和伸展或向后倾斜等方面起很小作用,它们的作用多是控制姿势。它们富有本体感受器,主要发挥反馈作用,将关节位置、肌肉长度或肌张力的信息传递给大脑。这种反馈对于你的身体知道脊柱在哪个位置是极其重要的。此外,下背部更表浅、更大的肌肉群被称为竖脊肌。这些长肌起自骶骨,到达椎骨和肋骨,它们的作用是伸展脊椎。下背部更深层的肌肉是腰方肌(QL)。QL位于下腰部的两侧,将肋骨下缘连接到骨盆顶部。单独发挥作用时它们可以帮助你侧弯下身子。

扩大对下背部的视角,我们可以看到背阔肌(lats)。背阔肌是宽大的肌肉群,从手臂延伸到中下端脊柱,沿途覆盖大部分背部。它们的主要功能是伸展、内收上肢。

腰椎比较复杂,理解起来具有一定挑战性。我经常把它这样描述给我的病人:想象一下你在驾驶时,看到的远处的那些高高的电线塔。就像你准备使用孩子的建筑积木模拟一个电线塔,将所有积木尽可能高地摞在一起。这时积木便是后背中的椎骨。

然而,挑战在于使堆叠的积木保持直立,因为越高越不稳定。选择一个坚实的基础来设置你的第一块积木,并且每块积木都对齐是至关重要的,这样你摞出的“椎骨”会更稳定。如果你要为每块积木添加支撑线，那么电线塔可以建的更高。在这个比喻中，这些支撑线就是腰部的肌肉。当所有腰椎完美对齐的时候，腰部更有效率。研究这个区域的损伤时切记这一点。

核心的顶部

最后，让我们来看一下鞋盒的顶部。在此我们仅讨论一块肌肉，膈肌。你可能听说过膈肌，但可能并未把它看成肌肉。毕竟，你走进健身房进行器械练习的目的并不是锻炼膈肌。但是，你却在日复一日地使用这块肌肉，只是并未关注过它，它可是与你的主要呼吸密切相关。

但是，怎样才能用好它？我们稍后会深入探讨这个重要问题的答案。现在，把这块肌肉想象成一个覆盖腹壁顶部的穹隆形降落伞。它将你的胸腔（心脏和肺所处的位置）和腹腔隔开。这个降落伞与周围的胸骨、肋骨、脊柱和一些组成腹壁的其他疏松组织连接。当你的膈肌收缩，穹隆下降，同时胸腔体积扩大，从而机械性驱动呼吸。

核心的内部

现在我们已经观察完了箱子的所有外壁：腹肌和髋部在前面，骨盆底在底部，臀肌和腹内外斜肌在侧面，复杂的腰部在背面，膈肌在顶端。为了使我们的鞋盒变得完整，我们需要再看看它的内部。

在这种情况下，鞋盒的内部就是腹腔。它包含许多重要器官，包括肾、肝、胃、肠、脾、胰和胆囊。这些器官固然是重要的，但我们的目的不止于此，我们将突出鞋盒内部的空间本身以及它所包含的空气。这个空气压力对于保持最佳的核心是必不可少的。

应该特别注意起自腰椎的腰骶神经。这些神经为你的腿发送肌电信号，从而使你的肌肉产生运动。这些神经的损伤会导致与核心有关的功能障碍，同时导致下肢其他部位产生损伤。

记住所有我们探讨过的肌肉具有多重作用是很重要的。就目前而言，我们只是在关注它们主要的单独作用，也就是只有它们自己收缩时会产生什么作用。这些肌肉还有第二级甚至第三级作用。处于不同姿势它们会产生不同作用。几乎所有的肌肉都拥有稳定作用，这对于优化跑步姿势尤其重要。

现在你对核心是什么已经有了一个完整的概念，让我们深入了解为什么这个知识对于——一个跑步者来说是至关重要的。在下一章中，我们将看到跑步时核心是如何工作的，并且将了解核心中的弱链、紧张程度和不稳定性如何使你速度变慢且容易受伤的。

第二章 为什么核心对于跑步者来说至关重要?

对核心的控制会强烈地影响你身体的运动和跑步步态。阐述身体结构与运动生物力学关系表明，你的核心并非独立发挥作用，而是与身体其他部分的功能密切相关。

还记得小时候唱的“Dem Bones”歌吗？歌中是否唱出腿骨与膝盖骨相连，膝盖骨与大腿骨相连，大腿骨与背部骨相连等等。当需要生物力学帮助你理解核心与身体其他部位的联系时，哼唱一下这首歌。

关键是，身体是以复杂的运动链进行运动。核心是一个重要的环节，但是如果没有其他的环节，如腿或者手臂，链条也是不完整的。一个薄弱环节可能出现在链条的任何地方，可能会影响到这个区域，也可以影响其他区域，或两者兼而有之。举个例子就是有一粒小石子进入你的跑鞋。即使鞋里有小石子，你仍然可以继续跑步，但你很可能会觉得不舒服。你可以停下来把它移走，或者继续跑步并改变你的步态。通过改变步态，脚不再受到伤害，但你可以注意到，由于你跑步的技术发生变化，你的背部开始不舒服。这往往是一个伤害的开始，通过这个例子可以使你理解技术对损伤预防的重要性。

跑步步态周期

跑步步态周期是一只脚接触地面，离开地面，然后再次接触的过程。对于大多数跑步者来说，这个周期大概是半秒到四分之三秒的时间，但是在这段时间里，发生了很多事情。为了更好地了解跑步期间的核心功能，我们将步态分成八个阶段。这八个阶段分别属于支撑相（当脚与地面接触时）或摆动相（当脚在空中时）。

支撑相：

首次触地期（Initial Contact, IC）

承重反应期（Loading Response, LR）

支撑相中期（Mid Stance, MS）

支撑相末期（Terminal Stance, TS）

摆动相：

摆动前期（Pre-Swing, PSw）

摆动相早期（Initial Swing, ISw）

摆动相中期（Mid-Swing, MSw）

摆动相末期（Terminal Swing，TSw）

跑步步态周期的8个阶段：IC、LR、MS、TS、PSw、ISw、Sw、TSw

首次触地期（IC）：脚接触地面的方法有多种：脚跟着地、足弓着地及前足着地。你的脚接触地面时可以更多地朝向脚的内侧、外侧或中间部分。这是跑步步态的第一阶段，即IC期。

研究表明，脚接触地面的方式可能不如脚接触地面的位置那么重要。如果IC期脚接触点应靠近你的身体或在身体下面，而不是在身体前面太远，那么接触力可以得到更好的吸收。当脚与地面接触点靠近身体的时候，你以脚跟接触地面的机会可能更小，这时膝关节的弯曲幅度会更大，这相当于在你的体内安装了一个大弹簧。想象一下上下跳动的人，如果保持膝关节绷直，着地时对膝关节的冲击更大。如果着地时使膝关节弯曲，那么对膝关节冲击会更小。软着地减少了骨骼和关节的压力。

跑步时脚着地的位置：左侧为步幅过大，着地点在身体前方；右侧为更合理的靠近身体的着地点。

IC代表在步态周期中脚与地面的首次接触，随后你的核心需要准备承载整个身体。这时骨盆、腰椎和胸廓的位置是至关重要的。如果对位不正确，那么肌肉就不能在最佳水平上运行。从侧面看，脊柱应该有一个双“S”弯曲，同时在腰部、胸部或颈部没有过多的弯曲。你的骨盆应该从前到后相对平坦。在这个区域最常见的问题之一是腰椎前凸增加以及骨盆过度向前倾斜。这些将使身体不稳定。

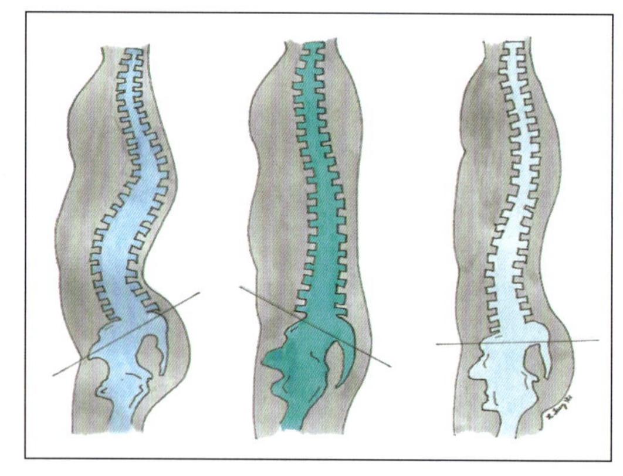

从左至右：骨盆向前倾斜过度，腰椎伸展增加；骨盆向后倾斜过度，腰椎前屈增加；中立位髋部和腰椎对齐。

在这个阶段起重要作用的两个主要肌肉是臀大肌和大收肌。在准备着地时它们帮助稳定股骨（大腿骨）。这里适当的对位将使随后阶段更容易稳定。

承重反应期（LR）：从IC过渡到步态的LR。可以把该阶段视为吸收阶段。你的身体必须接受脚部接触地面的冲击。除了骨骼和关节之外，软组织也参与该过程。通过在运动链中一系列结构分散最初的冲击，每个部分不会负载过多。这可以最大限度地减少压力，从而有助于减少受伤的风险。

核心在这个阶段的功能可以用一个词来描述的：刚度。核心必须迅速准备承受与地面接触时产生的外部负载。要做到这一点，它需要强有力的支撑。核心变得越紧，在中立位置越能够稳定脊柱和骨盆。

例如，如果腹部被击中，你会怎么做？你会本能地绷紧腹部，这会形成一个坚硬的腹部护甲来保护你。腹部变得越紧，能承受的打击越大。这类似于跑步时着地。这种刚度可以最大限度地减少多余的活动，如骨盆左右上下晃动或者膝关节内扣。这两种运动主要发生在冠状面上。

重要的是要理解身体的三个平面，集中精力通过身体和技术练习来达到我们的目标。这三个平面被称为冠状面、矢状面和横断面。

冠状面：冠状面将人体纵切为前后两部分。它穿过你的手臂、腿和躯干。

矢状面：矢状面从前向后将人体分为左右两半。它从身体的后部开始纵切，穿过中部，最终通过前部。

横断面：与其他两个位面不同，它与地面水平。它把身体分成上下两部分。

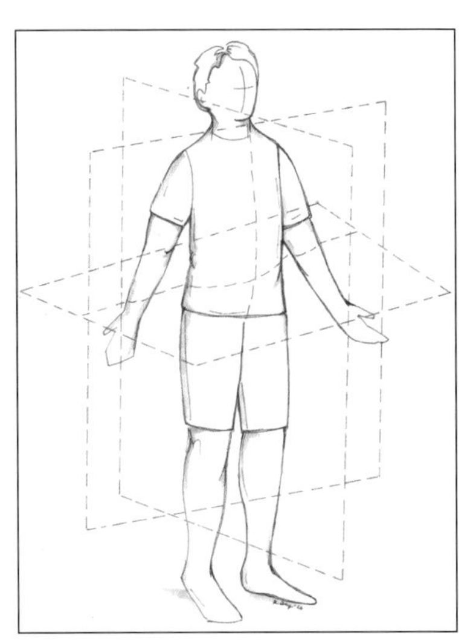

人体的位面：冠状面，矢状面和横断面

该阶段髋部肌肉同样重要。臀大肌和大收肌发挥重要作用，它们与股后肌群协同作用来控制着地时股骨向前弯曲的程度。阔筋膜张肌、臀中肌和臀小肌起不同作用。它们控制骨盆以防止髋部下沉，这意味着，对核心稳定性和髋部外侧肌肉来说，如果接触地面时的力量太大，对侧髋部会下沉。髋部下沉造成下肢不能有效对齐并增加受伤的风险。

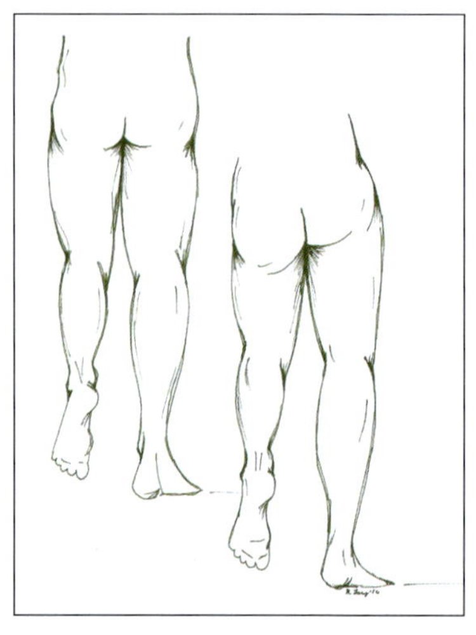

髋部水平体位（左）及右侧支撑时的左侧髋部下沉（右）

支撑相中期（MS）：从 LR 进入 MS，代表着你的身体与地面发生最直接接触的时间。你的脚是平坦的，在你的正下方。这是一个观察跑步姿势的绝佳时间。

从侧面看应该是直的姿势。这个姿势下，与地面接触的脚、髋部、肩部和耳朵在应该在一条线上。请注意我说的是直的姿势，而非垂直。跨步时，你应该轻微前倾，而非垂直。这种前倾应该通过踝关节的屈曲而非核心处的屈曲来实现。如果你从髋关节或腰椎屈曲，你会失去稳定性，从而使整体控制减弱并增加受伤的风险。

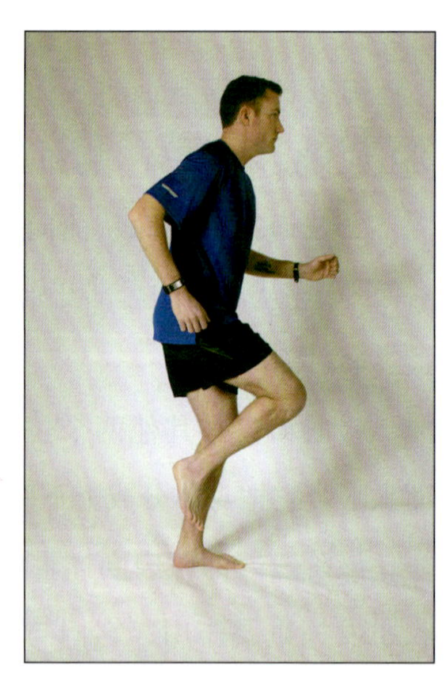

跑步的支撑相中期

垂直姿势会改变核心发力。臀部过于靠后，腹部过度向前，这个错误会产生连锁效应，从而导致下肋骨向前突出。画一把剪刀，顶部是下肋骨，底部是骨盆上缘。当剪刀张开过大时，我们可以观察到一种效果不佳的姿势，即产生腹部向前突出脊柱前凸姿势。

MS 阶段核心肌肉可以使股骨后伸，同时防止骨盆下沉。臀大肌可以使臀部发生强力伸展，应该更多激活。与其相比，股后肌群对这个动作的作用不甚明显。对跑步者来说股后肌群主导是相当普遍，这是股后肌群在步态周期开始出现问题的一个阶段。

与股后肌群相比，髋部伸展时健硕且活跃的臀大肌具有更好的作用。骨盆不正确前倾或剪刀开口征姿势会限制臀肌的作用，从而使股后肌群主导，这会使它们过度使用。它们不能使髋部和臀部伸展，这使股后肌群过度劳累，因为在下一个步态阶段它们有更重要的作用。如果股后肌群现在消耗了能量，那么它们在整个步态周期内消耗的能量要大于其正常消耗。

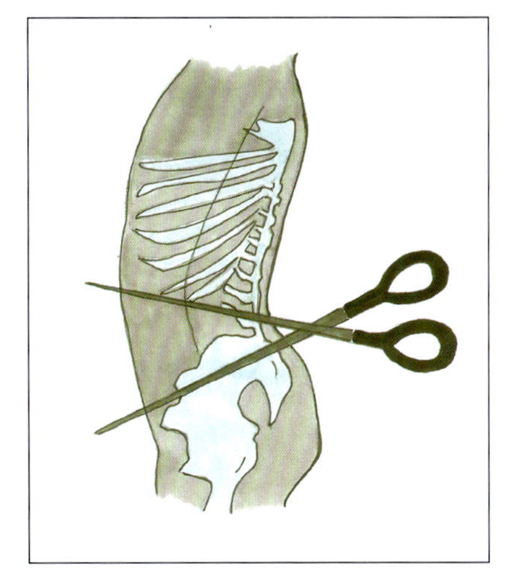

剪刀开口征姿势

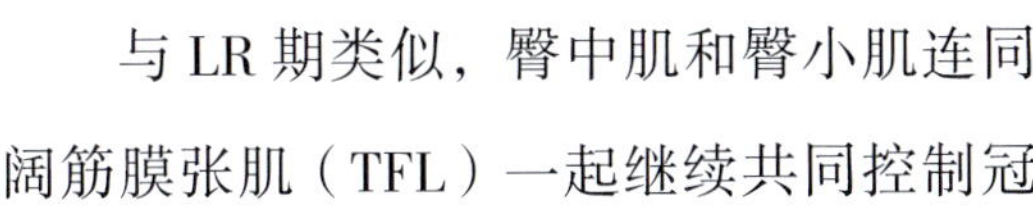

与 LR 期类似，臀中肌和臀小肌连同阔筋膜张肌（TFL）一起继续共同控制冠状面中的骨盆。然而，当一些较大的肌肉开始发挥作用时，它们的作用会减弱。

支撑相末期（TS）：从 MS 到 TS，腿通过身体正下方并向后伸展，身体正处于足跟抬起，加速蹬离的姿势。可以将 TS 视为步态的推进阶段，它也将代表脚离开地面前的最后一个支撑相阶段。

TS 阶段可以在身体中看到三重伸展。这个术语在体能训练是很常见的，因为在跑、跳、拍活动时它可以使蹬离地面的力量最大化。通过髋关节、膝关节和脚踝进行的最大程度伸展即是三重伸展。这个动作募集臀大肌以及其他一些大而有力的肌肉。

下面介绍一个简单方法以更好地理解三重伸展。站起来，尝试以下两种跳跃，你会感受到力量的不同：

限制双腿跳：从蹲位开始，向上跳，但不要让膝关节完全绷直。你会发现髋部也会保持一点弯曲，落地时让膝关节弯曲。

充分双腿跳：从相同的蹲位开始。尽可能高地跳起来，但这次让你的膝关节绷直。你会注意到你的髋部也变直了，同时你的脚趾可能会指向地面。

你应该注意到，在第二次跳跃中，你可以跳得更高，并且跳跃动作可能更自然和具有爆发性，这就是三重伸展。

TS 期在保持髋部和脊柱稳定性方面，核心依然是活跃的。这里髂腰肌、股直肌和阔筋膜张肌的柔韧性是至关重要的。如果这些肌肉的功能被限制，那么它们会降低股骨充分伸展到身体后面的能力。这种限制在跑步者中很常见，可能会导致全身范围内的多重代偿。

第一个代偿是腰椎的过度伸展。髂腰肌群不仅与髋部相连，同时向上延伸至腰椎。如果肌肉长度太短，则会向前拉动腰椎和骨盆企图伸长。这种不断的牵拉会产生问题。

第二个代偿是躯干的过度旋转。TS 代表当你看到躯干在横断面上发生最大旋转时你的步态持续的时间。躯干和髋部将以相反的方向旋转。虽然这是正常的，但发生的程度需要得到较好的控制。髋关节前部组织柔韧性差，会使旋转角度更大，从而导致脊柱过度扭曲。这种扭曲将进一步将骨盆和脊柱拉离最佳位置以保持稳定。

摆动前期（PSw）：PSw 是步态周期中下肢离开地面的第一阶段。在这一阶段腿仍然在你身后，但膝关节弯曲，肢体开始向前移动。

髂腰肌和内收肌群，特别是大收肌和股薄肌，引发你的大腿向前弯曲。股直肌也有助于此。这些肌肉做这项工作是很重要的，这可以让你的股后肌群休息。这时股后肌群具有使膝关节弯曲的作用，但不是主要的动力。倾向于过度使用股后肌群的跑步者会使脚后跟抬高，或者向后抬腿过高。

进行“衬衫污点测试”。雨后出去跑步后检查衬衫，看看背后有多少泥点？当我们看到整个衬衫背面都有泥点，甚至你的头上都有时，说明你的脚后跟可能抬得太高了。这需要控制，以尽量减少股后肌群的负荷。步态的最后两个阶段股后肌群将承受大量负荷。

摆动相早期（ISw）：ISw 是 PSw 的延伸，但是现在脚已经完全离开地面并向前移动。有人把这称为摆动的“加速阶段”，这个描述十分贴切。当到达躯干下方的一个点时，下肢抬起离开地面并加速。髂腰肌在这个过程中非常活跃。它不仅将大腿拉向前方，并且确保足部向前行时是完全离开地面的。包括长收肌和股薄肌在内的大腿内侧肌肉也继续保持活动，帮助将股骨向前拉。

摆动相中期（MSw）：大腿以最大加速度前进后，你将进入 MSw。如前所述，MSw 看起来与 MS 阶段相似，但发生在对侧腿上。这意味着在膝关节抬离地面时 MSw 阶段腿部将具有最大的髋关节屈曲。脚在躯干下，即将向前移动。这是这条腿的步态的过渡阶段。我们知道，在 ISw 阶段，腿正在加速向前；我们很快就会发现在 TSw 阶段腿需要减速。MSw 就是这种运动趋势发生变化的阶段。

当大腿和髋部后侧肌肉开始发挥作用时，髋部前侧和内侧的驱动肌肉停止发挥作用。股后肌群开始强有力的活动，以防止小腿向前移动太远。如果股后肌群位置不合适而且不能得到很好的控制，那么其受伤的可能性会提高。

为了更好地理解这一点，可以观察一下棒球投手。我们经常惊叹于一个投手怎么能将球投得那么快：球的速度可以是每小时 90 甚至 100 多英里？如果你决定要成为一名成功的投手，那么你需要着重训练负责将球投出很远的肌肉。这些肌肉大部分位于身体正面。普通人不可能将球投出时速 100 英里，但经过训练后可能会比以前投的更快。但是，我们需要平衡这点。如果投球时你的手臂用力过大，你需要更好地控制肩部，尤其是手臂和肩部的后侧肌肉，以减慢手臂的速度。失去这种基本的平衡，为了控制将球投向前方时产生的力量，身体背部的肌肉就会紧张。这种反复性的压力会导致损伤。

这与股后肌群相似。许多跑步者总想快速跑，向前冲，但是从不考虑如何控制肌肉。异常发达的股四头肌没有足够力量的股后肌群来平衡它们。由于没有使腿能够充分减速的腿后肌群平衡作用，这会在腿前部产生优势，从而导致股后肌群反复受到过度的压力，并可能导致受伤。

现在，再次将自己想象为棒球投手。你已经参加了几个月的艰苦训练，并且投球速度大幅提升。接下来你会做什么？我们绕过了运动最重要的方面之一：技术。金牌投手通过改进练习技术，可以投出更高的速度。这包括核心区和髋部周围的稳定性，以及对腿、躯干和手臂的更好控制。

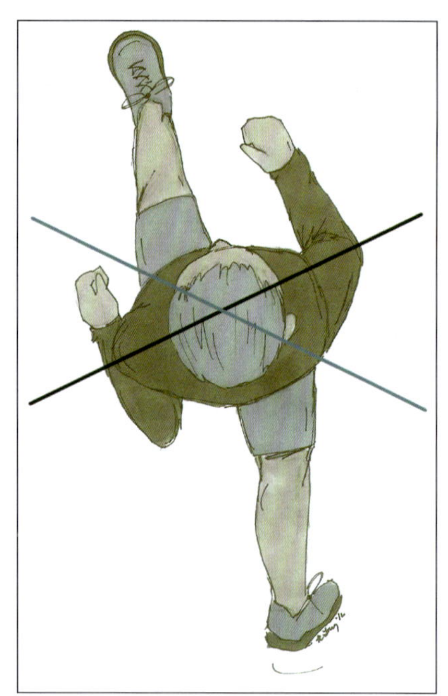

跑步时髋部和躯干的分离。注意肩膀（黑线）和骨盆（蓝线）相反的关系。

技术在跑步中同样重要。股后肌群连接在我们的坐骨上，如果坐骨抬高并且比它原来的位置更靠后，如同剪刀开口征姿势所示的位置，那么股后肌群长度过长，不能发挥最佳作用。股后肌群即使很强壮，这个姿势也可以把它置于不利位置。

我们的核心对于控制前文提到的髋部和躯干的分离非常重要。双腿和双臂正在以相反的方式移动。核心的稳定性平衡了这种力量的迅速变化。在步态周期中当你通过一侧的 MSw 和另一侧的 MS 进行运动时，核心控制是必要的。此时核心区是双臂及双腿从前向后交叉的地方。与此同时，髋部和躯干在相反方向开始旋转时会穿过这里。在核心肌肉中，股后肌群需要同步减速，从而使脊柱在横断面上旋转的量最小化。

摆动相末期（TSw）：在这个最后阶段，处在空中的腿正在身体前方摆动到最大范围。在摆动相末期准备足部接触地面的位置，并准备触地时身体的姿势，与摆动的加速阶段摆动相早期相似，这是摆动的减速阶段。

TSw 阶段股后肌群同样很活跃，臀肌和内收肌也逐渐活跃。这些肌肉努力减少腿向前移动的速度，更好的控制将使腿在膝关节略微弯曲而非过度绷直的情况下以更理想的位置接触地面。如果过度绷直，会使股后肌群的压力增加，并增加下肢骨骼和关节需要吸收的负荷量。

臀中肌、臀小肌和阔筋膜张肌都在此时开始发挥作用。它们协同作用，维持稳定，并准备承担负荷。这些肌肉与核心其他部分的快速预先激活有助于支撑身体躯干部分。这种稳定性为你的步态回到第一阶段的首次触地期奠定了理想的基础。

上肢的重要性

重要的是不要忘记手臂摆动。手臂摆动既可以是技术的驱动力，也可以是技术的结果。重要的是要认识到下肢和上肢最终将会共同工作。它们彼此以反方向运动达到平衡。当右腿向后移动时，左臂向前驱动，依此类推。这种从上到下的反作用力是通过核心传递的。

稍后我们会讨论怎样通过锻炼和练习来控制你的手臂摆动。我们刚刚重温了躯干和髋部的分离，所以现在介绍一下摆臂是如何受技术影响的。

举个例子，一个跑步者髋部前方的柔韧性较差，这会造成骨盆过度旋转和向前倾斜。类似的情况可能出现在一个具有适当柔韧性但是不能控制自身核心的跑步者身上。不管什么原因，她加大了躯干旋转。由于躯干过度旋转，手臂需要适度穿过身体摆动。这个跑步者可以纠正她的手臂摆动，但实际上这个错误的技巧源于髋部和核心。

在你的步态周期中，认识到其他一些肌肉发挥的作用是极其重要的。膝关节和踝关节的运动和力矩在你的步态中起着至关重要的作用。我们只关注了近端的髋关节和核心肌肉系统，但是身体链条上的所有环节都对你的步态起着关键的作用。

请记住，跑步时，所有八个阶段将在一秒钟内完成。由于这项运动的快速特性，运动的要素，包括技术、力量、柔韧性、灵活性和稳定性都是非常重要的。体能和技术的缺失会导致步态效率低下和容易受伤。

第三章 核心的损伤

一名高中越野跑运动员跑步时会出现腰痛。第一或第二周只有在高强度运动时才会出现轻微的疼痛。2–3 周，疼痛加剧，但是会在跑步后慢慢消失，疼痛通常持续近一天，在第二天就消失了。运动员去咨询他的初级保健医生，医生建议休息几天，并定期冰敷疼痛处。经过几天的冰敷和休息，运动员恢复了训练，疼痛又立即出现，随后初级保健医生建议咨询骨科医师。

骨科医生建议进行柔韧性练习，包括股后肌群、髋部和腰部拉伸。他还建议进一步休息，进行冰敷和服用常规非处方抗炎药物。经过一周的治疗后，在没有跑步的情况下仍然存在程度较轻的疼痛。医生决定进行腰椎 X 线检查，结果显示存在两个有问题的区域。该运动员进行深入影像学检查，结果发现存在两个明确的腰椎应力性骨折。骨折位于椎骨两侧的被称为脊椎峡部的区域。患者被告知需要继续休息，进行冰敷，服用抗炎药，并尽可能配戴腰部支撑护具。

几个星期后，运动员重新开始跑步，并且可以在配戴腰部支撑护具的情况下进行比赛。渐渐地，他逐渐摆脱护具，但背部有时仍会隐隐作痛，这种症状在后来几年一直持续。

高年级期间，教练推荐举重和核心力量练习。当开始训练时，他注意到，无论何时只要做背部伸展或向后弯曲的动作，他的背部都会不舒服。相反，当他做仰卧起坐时，感觉良好。他开始定期做使其背部感到舒适的核心练习。在大学和以后的生活中，该运动员继续训练并比赛，再没有感到不适。

这个运动员就是我。这种着实令人沮丧的经历引起了我对运动医学的兴趣。今天，病人每天都会拿着类似的“剧本”来找我。我可以感同身受地理解他们的努力以及对尽快重返赛场的渴望。

这类故事中的薄弱环节是教育的缺失。跑步者应该充分了解自己的身体，并在开始检查前通过话语准确描绘他们受伤的情况。我希望我的患者能够在发生更严重的伤病之前确认损伤。更进一步，我希望他们能够适当地对自己进行治疗。这一章和下一章将提供这方面的帮助。

受伤的背景

受伤让每个人都感到沮丧。跑步受伤更令人沮丧。想想跑步团队中的同伴，他们是坚定的，有动力的，目标驱动的。无论是试图减肥，缓解生活压力，完成一个 5 千米，或创造个人记录，他们都有一个共同的期望——不要在跑步过程中遇到任何障碍。只要跑步者还可以继续跑步，他们就会忽视开始出现的轻微的刺痛或疼痛。不幸的是，这些较小的症状往往是较大损伤的前兆。

第二个因素是多数跑步受伤的性质。它们会缓慢出现，并将持续很长时间。这种慢性损伤与急性损伤不同。踢足球时崴到脚的人在几秒钟之内就会经历从健康到受伤的过程，他们可以准确描述什么时候发生了什么事。慢性损伤通常需要追溯数周、数月甚至数年。一个跑步者通常能够解释什么导致慢性损伤以及跑多远的距离开始出现损伤，但疼痛的开始通常是模糊的。慢性损伤往往需要短期的治疗来缓解疼痛，还需要一个更长期的计划重新进行训练或学习技术，以便解决根本问题。这比恢复踝关节扭伤更为复杂，踝关节扭伤的恢复通常需要一个月的时间。

当我们比较急性和慢性损伤时，更好的理解“肌腱炎”一词是极其重要的。这是一个经常被跑步者滥用的词。根据定义，“肌腱炎”的意思是“伴有炎症的急性肌腱损伤”。肌腱炎在性质上属于急性损伤，很容易通过休息、软组织灵活性和柔韧性练习、冰敷以及口服抗炎药得以恢复。

如果肌腱炎长期存在，常会演变成肌腱变性。“肌腱变性”的定义是一种细胞水平退化的慢性肌腱损伤，无炎症。这个定义的关键是它不涉及炎症；因此，如果使用与肌腱炎相同的治疗方法治疗肌腱变性，那么你的症状可能不会得到任何改善。这往往需要更广泛的练习进行治疗，并且可能需要专业人员进行更深入的检查，以确定病理原因。

要记住的最后一个词是“肌腱病”，是泛称“肌腱疾病”的准确用词。如果未能确诊，那么肌腱病一词是一个更好的选择。

与跑步者的膝、踝和足的受伤相比，核心区损伤通常包括髋关节的损伤。然而，在髋部和核心出现的损伤往往是顽固的。通常损伤都是慢性的，并且与步态和跑步技术直接相关。让我们来探讨一下在核心区发现的跑步损伤，我们将从骨骼和关节损伤开始。

下背痛（骨骼和关节）

成因

下背痛的位置可能是脊柱的骨骼和关节等比肌肉更深的结构。脊柱的关节突关节或椎间盘的椎体交界处可能因过度负载而发炎。这个负载可能是由多种因素造成的。有些与跑步有关，如过度的冲击或技术不佳。也可能是生活方式等因素造成的，而这些因素负荷较小，但对脊柱的持续负载影响较大，例如在日常坐姿或弯腰时的不良姿势。核心不良对位也可能导致这种类型的疼痛。

诸如骨关节病或骨性关节炎、退行性椎间盘病变或退行性关节病的诊断可能是这类下背痛的根本原因。

表现

骨源性下背痛最初可能是钝痛，可在一天中的任何时候出现。跑步时可能会加剧，但活动时可能感觉更好。疼痛太深而无法触诊，通常很难集中到一个点。重要的是软组织通常可能同时受到影响。 它们可能会出现痉挛以保护脊柱。

自我治疗

最初的治疗应该包括停止跑步进行休息以减少对脊柱的影响，同时进行轻微的腰背和髋部拉伸。注意改变生活方式。检查日常的姿势，并尝试变换工作时的姿势，例如坐改为站。还要考虑改变驾驶姿势和睡觉姿势。从长远来看，你将从核心的力量和稳定性练习中受益。

何时需要寻求帮助

这种类型的疼痛常见于年龄在 30 岁以上的跑步者。对于更年轻的跑步者，如果疼痛持续 5–7 天，并且保守治疗失败，应该寻求医生的帮助。鉴于这种疼痛的复杂性，重要的是进行准确的诊断，从而以最好方式处理病因及症状。对于中年以上或者症状恶化并持续较长时间的跑步者，在继续进行运动之前应寻求医生的帮助以确诊疼痛的成因。任何伴有麻痹、刺痛、灼痛或疼痛的腰病患者均需及时就医。这些都是神经受累的指征。

骨性关节炎 / 骨关节病（髋部或脊柱）

成因

长期以来，骨性关节炎和骨关节病都是退行性疾病。骨性关节病是关节的退行性改变。如果关节发炎，那么它被称为骨性关节炎（OA）。 它可能受姿势、肌肉失衡和 / 或力学的影响。

表现

OA 引起来自关节自身的疼痛。这种疼痛可以存在于身体的任何关节中，但我们关注的是球窝状的髋关节，或下背部的脊柱关节。通常极限活动使 OA 变得更糟。长时间保持静态姿势，如睡觉、久坐、开车或站立也会使疼痛变得更严重。另外，过度的步行或跑步会加剧疼痛。轻微的持续运动，例如适当的行走或跑步，通常会减轻疼痛。

髋关节炎的特征是感觉到髋部深处疼痛，并且疼痛可能辐射到腹股沟。活动时可能出现“嘎吱”声或碾磨的感觉。脊柱关节炎会导致脊椎骨中央的局限性腰痛。同样不能触诊到。

自我治疗

骨关节病无法治愈。但是，如果成因是炎症或 OA，则可以进行治疗。初始治疗应包括限制静态活动的持续时间，并延长活动时间。在耐受的情况下进行轻度运动。髋部和脊柱进行轻度拉伸可能是有益的。长期来看，核心稳定和姿势控制是关键。

何时寻求医疗帮助

如果症状较轻（如上所述），则继续进行 2 周的保守治疗。 如果症状加重或保守治疗无效，应由专业人员检查治疗。

脊椎峡部裂 / 腰椎滑脱

成因

发生脊椎峡部裂和腰椎滑脱的原因相似，往往是在伸展或向后弯曲过程中脊椎承受重复和过度负载。过度的伸展会增加椎骨后部的负荷，导致部分骨骼受到压力并经常发生骨折，这被称为脊椎峡部裂。腰椎滑脱的不同之处是因为椎骨已经断裂，然后开始向前滑动，或者偶尔向后滑动。跑步者的髋关节柔韧性差或者核心稳定性差，跑步时往往不能很好地控制脊柱，使他们更容易受伤。

表现

这些病症同样表现为腰椎中央疼痛，最常见于骶骨上方。随着时间的推移以及进行运动，疼痛通常会加剧。大多数人发现，腰部伸展时疼痛会加剧，站立触摸脚趾或坐在躺椅上时，也就是脊柱向前弯曲的情况下感觉更好。这些情况往往是渐进的，这意味着在早期阶段疼痛轻微，但随着时间的推移，疼痛通常会加剧并限制活动。后期往往伴有更多广泛的腰部不适和疼痛，同时可能发生肌肉痉挛。这种情况在发育中的青少年，通常是高中生中比较普遍，但也可能在随后几年出现。

自我治疗

在早期阶段，疼痛通常较轻，并且可以通过针对髂腰肌、髂胫束及股后肌群进行强度较小的柔韧性练习控制疼痛的发展。通常可以承受非冲击性的交叉训练。重点关注核心的再训练，以尽量减少跑步时的伸展。最初，应该需要进行适当的核心稳定性训练，特别注重中立位骨盆和脊柱的稳定性训练。后期阶段进一步将这个重点纳入日常运动和跑步中。

何时寻求医疗帮助

大多数人没有意识到早期已发生病理改变。在早期阶段，这种损伤通常被认为是一种钝痛和局部背痛。如果疼痛是一种渐进的模式，不仅在跑步时加剧，同时在两次跑步之间也加剧，那么必须接受专业人员的检查。脊柱骨折相当严重，需要正确的诊断才能进行最好的直接治疗。

髋关节撞击综合征

成因

髋关节撞击近年来愈发为人所知。历史上，髋关节前部的疼痛常被诊断为髋关节痛。现在医疗人员使用从保守康复到手术干预的不同手段治疗髋关节痛。

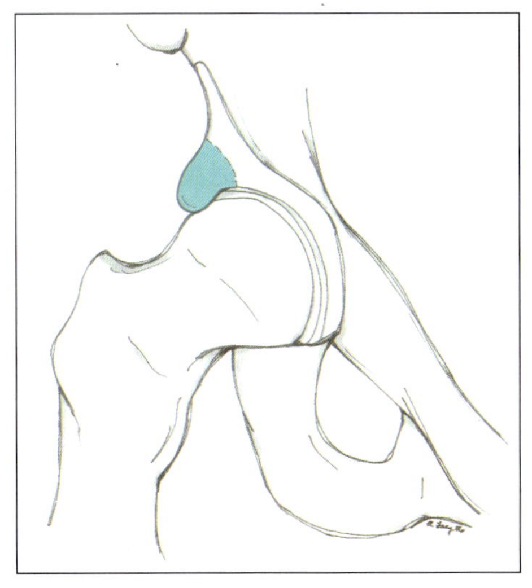

钳夹损伤的结构性髋关节撞击

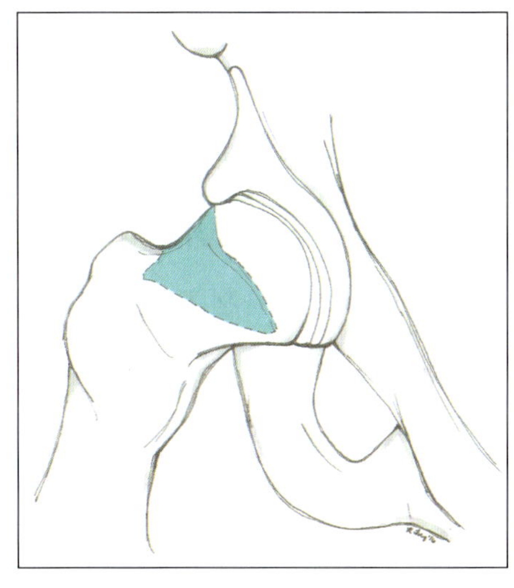

凸轮病变的结构性髋关节撞击

髋关节撞击可以是结构性或机械性的。在结构性髋关节撞击中，骨骼形状不佳，使得髋部不能正常活动。这可能是由钳夹撞击（髋臼呈鸟喙样突出）或凸轮撞击（股骨上出现圆形突出）引起的。这些骨骼结构都会限制髋部正常活动的能力，导致髋部前方挤压。反复挤压会导致炎症和疼痛。

如果没有结构性突起限制髋部的运动范围，那么髋关节撞击是机械的。相反，髋关节的运动可能受到髋关节、骨盆的对位和控制不佳的限制。参考剪刀开口征姿势，骨盆过度前倾将导致髋臼前移，跑步向前跨步过程中抬起股骨时，股骨与髋关节前端过度靠近。这种过度靠近就是撞击。当跑步上山时，股骨需要被抬得更高，这样通常会使症状加剧。

表现

髋关节撞击常常表现为髋关节前部腹股沟区出现疼痛。这感觉像是深部疼痛，即疼痛能够随着身体活动而加剧，并且随着更大幅度屈髋的活动或体位（如跑步上山，高抬腿或久坐）而进一步加剧。拉伸髋关节前侧时，疼痛通常会较少。

自我治疗

结构性和机械性髋关节撞击的最初治疗方法相似。暂停跑步非常重要，但是可以进行不需要屈髋体位的非冲击性交叉训练活动。应该以更加直立姿势骑自行车，并限制蹬踏幅度。游泳通常是较好的选择。髋关节的柔韧性对于减少髋关节前部的负载非常重要。更长期的治疗应该关注核心的稳定性和活动时核心的姿势，从而减少骨盆前倾。久坐的人应该考虑坐 / 站工作方式，以减少髋关节前部的压力。同样，需要长距离驾驶的跑步者应该在驾驶时改变坐姿，即将髋关节角度打开。

何时寻求医疗帮助

机械性髋关节撞击通常可以进行保守治疗。如果自我治疗 3–4 周后症状没有改善，应由专业人员进行检查。保守治疗对结构性髋关节撞击效果不佳，可能需要进一步手术干预。持续时间较长的髋关节撞击可能导致髋关节发生进一步的退行性改变，因此，在治疗之前对其应进行专业评估。更严重和更剧烈的疼痛应请医学专业人员评估，以排除髋臼盂唇的磨损或撕裂。

股骨或骨盆的应力性损伤

成因

当骨骼无法承受施加在上面的压力时便会产生应力性损伤。对于跑步者来说，这通常是过度运动所致。骨骼异常强大有力并且适应性极强，但如果压力来的太强或太快，它便没有时间应对和处理施加的负载。负载强度过大或重复负载会引起骨骼发炎和结构性疲劳。这些早期阶段被称为应力性反应。我将其视作骨骼的挫伤——骨骼被破坏了，但没有明显的骨折迹象。如果继续对骨骼施加压力，可能会发生应力性骨折，并且在 X 线图片上可以看到骨裂迹象。

表现

任何骨骼都可能出现应力性损伤或应力性骨折。它们可以发生在髋部或骨盆，但并不常见。跑步者经常在股骨颈发生应力性损伤或应力性骨折。疼痛出现在髋关节前部至腹股沟内侧区域，疼痛随着运动的增加而加剧。在开始阶段，疼痛很轻微，通常在跑步之后才会感觉到。随着损伤加重，疼痛会加重，并且疼痛可能从跑步迈出的第一步开始就出现，地面的冲击会引起症状。跑步后疼痛可能会持续，但在休息一段时间后，症状通常会消失。在出现应力性骨折的情况下如果继续刺激骨骼，那么站立和行走时可能出现疼痛，甚至可能导致跛行。这些伤害往往发生在初级跑步者身上，即那些最近增加训练量或强度的跑者或持续一段时间接受较大运动量训练的跑者。

自我治疗

跑步是一项容易使身体受到冲击的运动，有很多方法可以控制所受到的冲击，其中两个是体重和技术。超重的人在接触地面时会增加骨骼的负荷，但是，这并不是最常见的容易发生应力性损伤的人群。在硬地上跑步会给跑步者的骨骼带来更多的压力。这些跑步者在跑步过程中可能会听到脚与地面的撞击声或砰砰声。只有在应力性损伤痊愈后才能纠正这些问题。

此外，适当的核心和下肢对位对于骨骼的有效负载是至关重要的。例如，臀肌力量不足可能会导致跑步时膝关节内扣。如果得不到更好的控制，这个动作可能会继续对骨骼产生更大压力，从而产生损伤的风险。

何时寻求医疗帮助

应力性损伤是相当严重的伤害，需要由医疗专业人员进行检查。如果做出了诊断，通常需要休息 8 周或更长的时间，然后经过缓慢的恢复后开始跑步。 在这段休息时间里，推荐进行专业的力量、核心稳定性及技术再训练。在完全恢复跑步之前，还建议进行步态评估，评估可能导致骨骼超负荷的因素。最后，体成分检查和营养评估也很重要。这些可能是潜在的引起损伤的因素，特别是对重复发生应力损伤的跑步者。

现在让我们来看看背部和核心区的软组织损伤。

下背部（软组织）

成因

下背痛是一种涵盖了多种疼痛的通用诊断。它可能包括腰部肌肉的疼痛，如竖脊肌或腰方肌。这些肌肉通常不会因为跑步而受伤或撕裂，但可能因为自我保护或过度使用而变得僵硬或痉挛。

下背部软组织疼痛的最常见原因之一是跑步时的核心位置不佳。它可能表现为前面描述的剪刀开口征姿势。髂腰肌、阔筋膜张肌和股直肌的紧张可导致骨盆的位置过度前倾，从而导致下背部肌肉的缩短。核心肌肉薄弱可能是罪魁祸首。臀部、髋部和核心力量不足可能会导致过度的旋转运动或骨盆前倾，从而导致软组织超负荷。跑步技术错误也会导致这种疼痛。步幅过大的跑步者的髋部和骨盆以上的下背部通常会产生过度运动。

表现

下背部软组织损伤的症状通常包括后背中下部区域有触痛。疼痛往往是弥散性的，可能在跑步过程中或跑步后出现。疼痛在第二天通常会消失。

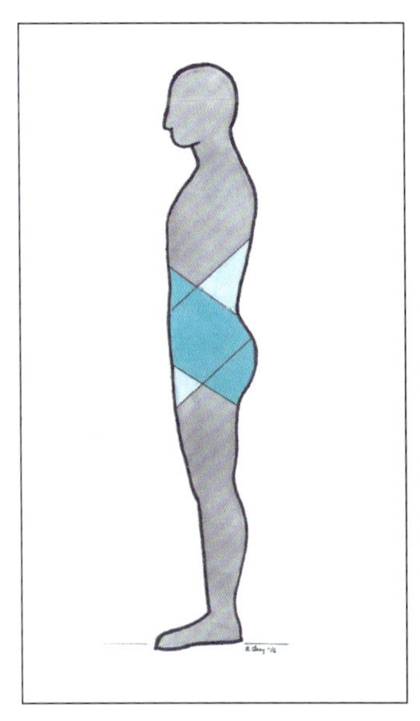

核心象限显示髋前部和下背部紧张（浅色区域）以及腹部和臀部无力（深色区域）

自我治疗

最初的短期治疗应是停止跑步休息几天。在这段时间内，可以进行非冲击性的交叉训练。如果症状消失，可以进行髂腰肌、股直肌和腰部的柔韧性练习（我们稍后会进行探讨），保持 60 秒的轻微收紧，2–3 组，每天 2 次。 冰敷或热敷也有助于控制症状。

治疗这种长期疼痛的重点是改善核心区的紧张与无力肌肉之间的平衡。改善这种平衡对于使风险最小化以及治疗下背痛至关重要。在象限中治疗这种损伤通常比较简单。加强臀部、髋部、腹部和核心区肌肉的力量。拉伸和恢复腰部和髋前部组织的灵活性。

何时寻求医疗帮助

通过保守治疗，软组织疼痛应该会快速痊愈，特别是过度使用导致的疼痛。如果自我治疗 1 周后症状没有改善或恶化，请进一步就医。请注意，由肌肉不平衡导致的症状可能需要更长时间才能改善。如果症状在第 1 周后有所改善，并且跑步后的持续时间不超过 24 小时，那么应该继续保守治疗。如果症状加剧或持续时间更长，应寻求专业帮助，目的是排除其他损伤并制定长期治疗计划。

大转子滑囊炎

成因

大转子滑囊位于髋关节外侧。这种充满液体的囊是为了使骨骼及其表面软组织之间的摩擦最小化。如果在该滑囊上施加过多的负载，它会出现炎症和疼痛。通常臀部外侧肌肉力量不足和核心的不稳定可能导致运动过程中膝关节内扣，这会增加外侧髋部的负担，并最终影响滑囊。伴随着跑步时的重复摩擦，这种不良的对位导致滑囊中的压力和摩擦增加，最终产生疼痛。

表现

疼痛出现在髋部外侧的大转子处或髂嵴下方的髋骨外侧。按压或接触时会疼痛，比如侧卧时。跑步，甚至走路或站立均会导致疼痛加剧。休息一段时间后，症状通常会减轻。

自我治疗

最初的治疗应该包括限制刺激性活动，以及在疼痛区域进行冰敷以帮助减少炎症。这种治疗往往会使疼痛减轻，但很难使疼痛消失。鉴于潜在的缺陷，制定综合治疗计划至关重要。这个计划应该包括近端髂腰肌、阔筋膜张肌和髋关节旋转肌群的柔韧性训练。处理疼痛区域的软组织以及 IT 束也将受益。这应该是整个计划的主要部分，但不是最终解决方案。长期治疗的重点应放在髋部外侧尤其是臀部肌肉力量的加强。强调核心区稳定性也很重要。在力量和稳定性训练中，应注意下肢的力线，同时注意减少足的旋前和膝关节内扣。

何时寻求医疗帮助

保守治疗通常对这种情况有效。有了上述治疗方案，应该很快会感觉到症状的好转，并且随着时间的推移症状会快速并持续消退。如果疼痛在 3–4 周内未改善，应由专业人员进行评估，以确定合适的治疗方案。这种疾病比较顽固，因此长期坚持治疗是必要的。

臀中肌肌腱病 / 肌腱炎

成因

臀中肌肌腱病或肌腱炎是由于肌肉的下方肌腱附着处过度负荷造成的。它产生的原因通常是髋部力量不足以及跑步时生物力学对位不佳，这与大转子滑囊炎相似。

表现

疼痛通常出现在大转子或髋骨外侧。疼痛可能在这个区域蔓延，并延至臀部后侧。可以通过触诊确定疼痛范围。触摸时会产生疼痛，活动及长时间紧绷会使疼痛加剧。停止活动后，疼痛常常不会消失，但会缓解。如果停止使症状加重的活动，那么在 1–3 天内通常会感觉好转。起床后或久坐后，可能会注意到这个区域存在僵硬和紧张感觉。这种症状通常会迅速好转，直到出现更高强度的压力时才会再次出现痛苦。

自我治疗

最初的治疗手段应该是休息、冰敷和软组织活动，在这种情况下，软组织灵活性训练包括使用泡沫轴、球、滚动棒甚至手进行自我按摩（我们将在第 7 章中对此进行详细介绍）。冰敷和避免活动会使症状迅速消退。肌腱及其周围肌肉的软组织灵活性练习有助于在短期内全面治愈。长期治疗的重点应放在髋部外侧的力量训练以及核心稳定性。如果上述训练已经持续了很长一段时间，那么单独进行臀中肌锻炼可能是有益的。

何时寻求医疗帮助

如果上述治疗不能很快缓解症状，那么 3–4 周后应寻求专业的治疗。在更极端的情况下，肌腱可能会发生罕见的撕裂，可能需要手术干预。

髂腰肌肌腱病 / 肌腱炎

成因

髂腰肌肌腱病或肌腱炎是由屈髋肌肌腱负荷过重引起的。这在跑步者中并不常见，但是也可能从增加髋前部负荷的活动（例如山地训练或速度练习）

发展而来。在仍在发育的青少年中可能会出现一种相似表现的损伤病理学——骨骺炎。这是由髂腰肌肌腱在其骨骼上的连接点过度牵拉造成的。重复这种压力可能导致炎症和疼痛。

表现

髂腰肌肌腱病的特点是髋部前侧疼痛，可能轻微弥散至腹股沟。这种疼痛往往可以触诊到，但在某些情况下很难定位并且会被描述为“更深的疼痛”。它与臀中肌病变类似，症状通常随着活动增加而加剧，相反会随着休息而改善。

自我治疗

首先需要休息和软组织灵活性练习。可以尝试冰敷，但由于组织的深度，可能无效。应该在治疗的早期进行屈髋肌和股四头肌低强度的柔韧性练习。长期的治疗方案应该是训练屈髋肌、臀部及核心区肌肉的力量。

何时寻求医疗帮助

上述方法可以迅速见效。如果疼痛在3–4周内没有缓解，建议进行深入的医学评估。考虑到这种损伤的位置，需要鉴别一些其他的疾病。

股后肌群肌腱病 / 肌腱炎

成因

股后肌群在其与坐骨结节的连接处容易发生损伤，因为我们正好坐在那块骨头上。三块股后肌群肌肉全部汇合到一个连接在该部位的肌腱，该肌腱负荷过重会导致炎症或肌腱炎。如果炎症持续一段时间，肌腱可能会因为疤痕组织变厚而变得更难治疗。这种损伤通常是由身体后链或腿后部（尤其是臀部）的力量不足引起的。这种力量不足导致出现股后肌群主导的模式，也意味着在没有臀肌帮助的情况下这些肌肉力量不足以保持跑步动作。骨盆前倾姿势和核心不稳定常常导致出现这个问题。跑步者步幅过大，膝关节过度伸直，骨盆前倾增加，往往会增加股后肌群的负荷。

表现

疼痛发生在股后肌群附着部位及其下方，疼痛位置通常较深且靠近坐骨。触摸这个位置会产生疼痛，并且推动时疼痛会加剧。坐着不舒服，而站立可以改善症状。最初跑步是没有问题的，但随着时间推移，症状会加剧。跑步时，步幅小一些，抬脚时离地面近些，可能会减轻症状。

自我治疗

治疗初期的重点是消除炎症。损伤开始时，症状通常仅在跑步和坐位时出现。症状出现后 5–7 天内减少久坐时间，短暂休息，不要跑步。冰敷可能有用，但由于组织的深度，也可能没有帮助。股后肌群轻微的拉伸将有助于使组织放松。应加强股后肌群的软组织灵活性以及对肌腱本身的按摩。这通常需要使用一个小球来完成肌腱的单独治疗。治疗的长期重点应该解决姿势不平衡和潜在的力量不足。这通常包括核心区的稳定性练习以及臀部肌肉力量的加强。

对大多数慢性损伤的病人，研究显示离心力量训练是有益的。离心力量训练不同于正常力量训练，因为它着重肌肉拉长阶段练习。这种离心控制对于跑步者来说是非常重要的，因为它在跑步步态周期中反复出现。股后肌群反向屈曲或 Nordic 卷曲练习效果良好。我们将在第 8 章中详细介绍。

何时寻求医疗帮助

对许多跑步者来说这种损伤是顽固的。如果症状超过 3–4 周仍未缓解，那么应该进行深入的医学检查。这对确定可能的生物力学问题至关重要。

梨状肌综合征

成因

梨状肌综合征的成因是梨状肌过度紧张或压力作用于其下方的坐骨神经。坐骨神经受到压迫会在臀部产生疼痛、灼痛、麻木或刺痛，疼痛经常放射至腿部。患病的可能是由于柔韧性差，但最根本的原因是骨盆和脊柱的生物力学的不稳定性。例如，极端的骨盆前倾斜将会刺激梨状肌附着的骶骨，从而增加肌肉紧张程度。这也可能是由于久坐等外部因素造成的。

表现

大多数人会注意到一侧臀部深处的疼痛。也可能存在放射性神经感觉，或者疼痛可以传递至大腿后部、小腿或脚的任何部位。久坐或开车往往会加重梨状肌综合征。跑步时，你可能会注意到臀部存在渐进性紧张，这往往会导致疼痛，并可能导致腿部远端出现症状。

自我治疗

最初可能需要短暂休息，这应该有助于减轻炎症。其次，软组织灵活性练习有助于缓解症状。重点是松解梨状肌以及其他髋部回旋肌和髂腰肌。许多人发现在工作和生活中软组织灵活性练习是有益的。例如，如果需要久坐，可以坐在网球大小的球上，球放在疼痛的位置。需要限制白天久坐或开车的时间，变换姿势和频繁变换坐姿也可能有所帮助。

长期治疗的重点应放在核心区的稳定上。一个特别的目标是加强臀部和髋部回旋肌的力量。跑步姿势中依旧保持核心稳定性和发挥上述肌肉力量作用是极其重要的。

何时寻求医疗帮助

许多人自我诊断为梨状肌综合征，但这往往是不准确的。许多传递到腿后部的疼痛或神经感觉是坐骨神经痛或是对坐骨神经的刺激，其实这也不完全准确。出现这些症状多数是因腰椎引起的。任何时候神经都有可能受到影响，重要的是要请专业医生进行正确诊断。如果不是神经相关的，而只是局限于臀部肌肉的紧绷或疼痛，那么可以通过拉伸和软组织灵活性练习缓解疼痛。如果症状发展至臀部以外或者在3–4周内没有改善，那么应该进行深入评估。

弹响髋综合征

成因

弹响髋综合征是在髋关节中发生的一种可触及的以及有时具有声响的症状。柔韧性较差是产生该症状的原因，但这种症状在过度柔韧的人群中也更为常见。跑步时腿前后摆动，肌肉或肌腱移动至髋关节内部，如果对位和张力未处于最佳状态，那么可能会出现滑动并导致出现声响。这种声响可能是无症状的，但是不断重复或更长距离跑步后可能出现疼痛。

表现

弹响髋关节综合征通常出现在年轻的跑步者中，高中年龄段最普遍。女性尤其是柔韧性好的女性更常见。这些跑步者往往有需要身体高度柔韧性的舞蹈、体操或其他运动背景。

声响来源于前方较深的髂腰肌肌腱，有时甚至来源于髋部前外侧的阔筋膜张肌。经常可以感觉到声音偶尔突然出现，随着时间的推移可能出现连续的声响。当出现声音时，重复声响可能导致疼痛，然后疼痛将持续。上台阶或爬山时症状会更明显。

自我治疗

最初的治疗是停止跑步休息几天，应该可以减少声响并缓解炎症。基于这种损伤的性质，提高髂腰肌、阔筋膜张肌和髂胫束以及股四头肌的柔韧性可能使症状有所缓解。对于运动能力较强的人来说，重点应放在骨盆的稳定性上，通常要尽量减少前倾。

何时寻求医疗帮助

这种伤害可能相当顽固和频发，只有进行正确的康复计划才会慢慢恢复。如果采取上述方法在三到四周内不能产生效果，应该进行深入的医学评估。

如果处于损伤的最初 1–2 周内，使用非处方非类固醇抗炎药如布洛芬或萘普生进行短期治疗可能会见效。我坚信这并不是治疗损伤的唯一方法。抗炎药可以消除疼痛，有助于减少炎症，但药物只是缓解症状，并不能解决问题的根本。你需要确保你没有掩盖疼痛，反之会让自己的身体发生更多损伤。如果出现疼痛，说明你的身体存在问题，你需要解决这个问题。

以上我们了解了一些最常见的与跑步相关的核心区损伤。认识到这些并未包括所有伤害是很重要的。症状可能由核心区的其他结构产生。如果你的症状不能与其中一个完全相同，那么也无需惊慌。损伤千奇百怪且有大有小，通常需要医疗诊断以及全身评估才能为你伤情康复提供最好的指导。身体中发生的许多损伤实际上可能起源于核心，但在其他地方出现症状，我们将在下一章探讨这一点。

第四章 核心相关的其他损伤

希望通过前几章你已经对身体的复杂性有了初步认识，同时记住我们只是触及了问题的表面。当我们开始联系更多区域时，就会涉及连续效应，它由脚底接触地面开始，经过下肢到达核心，再到身体其他部位。链条中的一个薄弱环节可能会导致身体其他区域出现问题。在我每天治疗的跑步者中，我估计至少有 75%的损伤（无论急性疼痛在哪里）都与核心以及由于核心不稳导致跑步姿势变形有关。

假如你鞋里的小石子在你右脚的脚跟下，如果带着小石子跑步，你会用右前足，尽量不使用右脚脚跟落地。这会使你这一侧的膝关节和髋关节更加弯曲，就像右腿更短一样。这种姿势为腿部和背部增加了更多的压力，它甚至可能导致左腿超负荷，因为这条腿仍需正常活动。尝试一下，左腿用正常的步态行走，但左脚始终在右脚前方，你会注意到左侧肢体会承受更多负荷并影响你的背部。

现在假设已经取出小石子，但是右侧小腿依然比左侧更紧张。对于那些整天开车并且右脚始终踩在油门上的人来说，这是很常见的。可能并没有小石子的比喻那么夸张，但是当你跑步的时候，这种不对称会对身体运动链条产生影响，结果是背部受伤。但是，解决方案并不是治疗后背。每天进行柔韧性和核心训练可能会感觉好一点，但并不能完全解决问题。当你重新跑步时，疼痛会再次出现，直到小腿问题得到解决。

在其他损伤中，病因可能在核心，但是症状可能出现在其他地方。例如跑步者的膝关节或髌股综合征（PFS）。PFS是我在跑步者中处理最多的疾病。它是典型例子，是一个地方出现损伤，但是病因却在其他地方——通常是核心。那些PFS已经得到治疗的人说，加强髋部力量比加强膝部力量更有效。那是因为问题往往是功能性导致的，而不是结构性的。

导致跑步者受伤的常见机制始于核心抑制。当核心的姿势不佳时，不能有效发力，从而导致臀部和髋部活动不足。这些区域活动受限可以对下肢链条产生潜移默化的影响，从而引起以下反应：膝关节内扣，腿部向内侧倾斜角度不佳，足外翻。再看一下脚趾的情况，大脚趾被推向外侧（如蹈囊炎），其他脚趾则聚拢起来，脚底长满老茧。这种情况可以解释许多问题。我们经常会参考这种受伤机制。

在本章中，我们将介绍跑步者发生的其他损伤。大部分损伤产生的原因来自核心区。我们将开始介绍骨骼和关节损伤。

应力性损伤：跖骨、胫骨、腓骨

成因

我们在前一章学习了应力性反应和骨折，重要的是要注意，它们可以发生在身体的任何地方。对于跑步者来说，此类损伤发生在核心区以外的结构更为常见，如胫骨和腓骨（小腿骨），或脚上的跖骨。核心力量不足或不稳定可能导致下肢生物力学对线不佳，从而给骨骼造成过大的负荷。

举个跖骨的例子。跖骨是组成足中段部分的小长骨，跑步蹬离地面过程中，需要跖骨发挥作用。核心受到抑制的跑步者可能使跖骨处于不利位置，并有可能造成应力性损伤。

表现

在脚和小腿中发现的应力性损伤与其他应力性损伤的表现类似。在早期阶段，它们可能只在跑步之后或跑步下山时才会感觉到。随着病情的发展，症状可能会在跑步时立即出现，最终会使你无法跑步，并在日常步行及活动中引起疼痛。跖骨、胫骨和腓骨与髋关节稍有不同，因为它们更表浅。这意味着它们容易产生触痛，尤其在某个点会发生触痛。在某些情况下，你甚至可能会在该区域看到肿胀。

自我治疗

对此类损伤的处理与髋部的应力性损伤相似。初期是解除造成损伤的压力，这样便能够痊愈。大多数情况下，这意味着停止跑步和任何产生冲击性的活动并进行休息。在休息期间，重点进行非冲击性交叉训练，同时加强未受伤部位应力区域的力量练习。如果存在导致应力损伤的潜在失衡机制，那么适当的核心和下肢控制练习对减少骨骼的超负荷是十分重要的。尽早确定导致应力性损伤的根本原因是至关重要的，这样才能正确进行治疗。

何时寻求医疗帮助

尽快寻求医疗专业人员的帮助，进行正确的诊断将有助于加速康复。根据应力性损伤的部位，行走靴或拐杖可能有助于促进愈合。而且，为了解决真正的问题，需要确定根本原因——无论是技术问题或是训练不力。

骨关节病 / 骨关节炎：大踇趾、踝、膝（包括半月板）

成因

骨关节炎（OA）可以在身体的任何关节中出现。对于跑步者来说，该病较髋关节和脊柱更常见于大踇趾、踝或膝关节处。核心控制不佳可能会导致跑步技术受到限制以及下半身出现整体对位问题，这可能会导致运动链的某个区域压力增加。

来看看踇趾基底部关节，即第一跖趾关节，这是发生 OA 的普遍区域。核心受到抑制的跑步者在跑步蹬离地面阶段不能很好地对脚进行对位。第一跖趾关节大部分是铰链关节，这意味着它应该在一个平面上下弯曲。如果脚被迫外翻，那么大脚趾被推向外侧的程度会更明显，并偏离正确力线。现在关节表面不能很好地啮合，导致一个区域负载的增加超过另一个区域。

赤脚站立，双膝向前，屈曲一侧膝关节，抬起脚跟离开地面。你的大脚趾应该弯曲，并且保持与脚和膝关节的指向方向一致。现在，脚向外转动 30°，膝关节保持向前正向（就像跑步时那样），然后再抬起脚跟。体会大脚趾向内滚动，而不是下面的跖趾关节垫？体会它怎样被推向外侧，导致脚趾挤压在一起？我们正在探讨第一跖趾关节骨关节炎，但事实是导致这个问题的根本原因始终是核心抑制。

半月板还可能发生退行性改变。每个膝关节中有两个半月板，它们本质上是软骨，其功能是减少膝关节内部的摩擦，使胫骨和股骨之间相吻合。类似于第一跖趾关节骨性关节炎提到的不良受力累积效应，同样的情况可能会出现在膝关节上。膝关节向内或向外过度塌陷以及过度旋转都会导致剪切力和摩擦力的增加，这可能会导致半月板磨损，或者之后可能会撕裂。

表现

骨关节炎开始表现是关节周围的疼痛和肿胀。睡觉或休息一段时间后，情况往往更糟糕。当进行合适的活动时，感觉会变好。关节长时间负重后，疼痛趋于加重。活动后，这种疼痛可能持续数日。在后期阶段，症状可能比较稳定。

自我治疗

骨关节炎不能治愈，但可以控制症状发展。首先着重控制对关节造成压力的活动的持续时间和强度。冰敷可能有助于解决突发损伤。长期治疗应该通过合理再训练来限制关节的压力。

何时寻求医疗帮助

与髋关节和脊柱骨关节炎类似，如果症状较轻，可以进行 2 周保守治疗。如果症状加剧或保守治疗无效，应由医疗专业人员检查。

现在我们来探讨核心功能障碍引起的常见软组织损伤。

跑步膝 / 髌股关节综合征

成因

髌股关节综合征是跑步者最常见的损伤，通常是由膝关节机械性错位引起的，但是同时也受到髋部、核心、足和踝的影响。髌骨是位于膝关节前方的浮动骨。它有一个小 V 形的底部。该 V 形结构与股骨下方相似的凹槽形结构以关节相连。如果这些结构不能很好地对齐，那么每当膝关节屈曲或伸直时，它们之间的摩擦力就会增加。随着时间的推移，这种摩擦将会使关节发热并发炎。

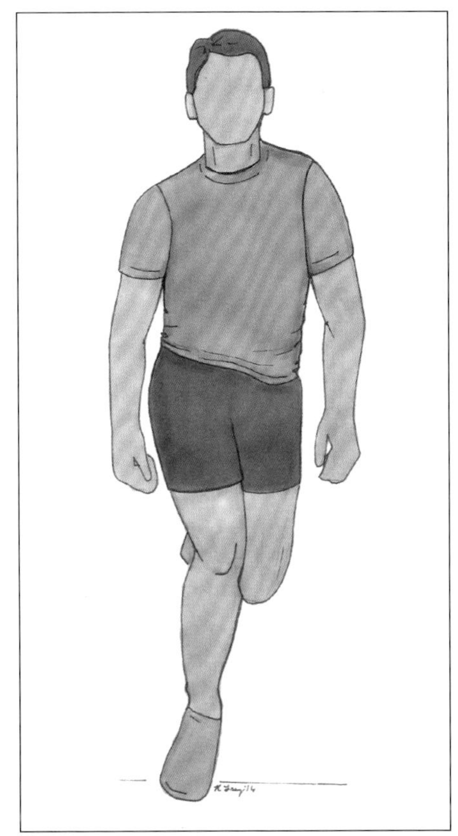

具有髋部下沉、膝内扣及外八字等特征的下肢对位不佳

髌股关节：髌骨底与股骨的沟槽对齐（左）以及髌骨底不能与股骨的沟槽对齐（右）

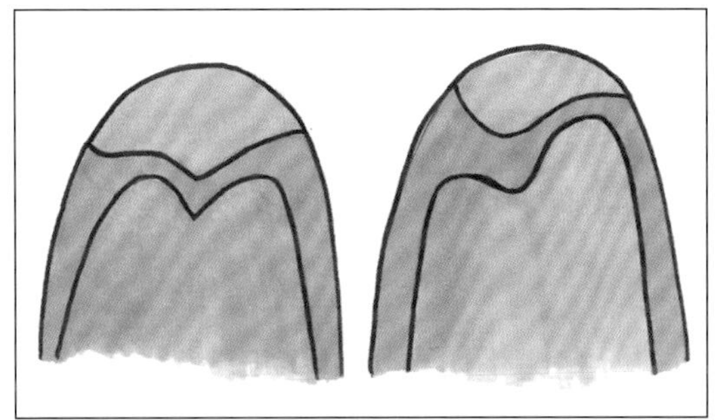

表现

膝关节前方出现疼痛。这种情况最常见于髌骨外侧部分，但也可以出现在其周围的任何地方，甚至在下方深处。当膝关节屈曲和伸直时，有些人会感觉到或听到膝关节内部有摩擦声或磨碎的感觉。在极端的情况下，膝关节的前部可能会肿胀。

症状经常在久坐或睡觉休息一段时间后出现。起来或活动后，膝关节往往感觉更好。下台阶或下蹲往往会引发症状。跑步时，开始阶段症状不明显，但随着时间的增加症状会加剧。停止跑步会缓解症状，但可能需要 2–3 天。跑步下山，放慢步伐，爬陡峭山坡也可能增加疼痛。

如果症状在髌骨以下并且朝向膝关节内上方，那么其来源可能是独立结构。鹅足腱是集束在膝关节内侧的一组肌腱。这些肌腱下方还有一个小的充满液体的囊，称为滑囊。这些结构产生肌腱炎或滑囊炎的机制与髌股关节综合征相同。

自我治疗

首先，消除使症状加剧的因素。这通常需要停止跑步，休息 5–7 天。休息期间使用冰敷缓解症状，但很难彻底解决问题。修复机械性错位是解决髌骨下摩擦的关键。

在康复治疗期间注重髋关节力量和核心稳定性训练。股四头肌、阔筋膜张肌 / 髂胫束和屈髋肌的柔韧性和软组织灵活性练习也可有益于症状缓解。随着这些区域的改善，重要的是同时进行力量训练以及膝关节对位的再训练。这可能涉及本体感觉或平衡再训练，即在下蹲或弓步位对下肢对位进行再训练。

所有这一切也可以用于治疗鹅足腱功能障碍。此外，大腿内侧和股四头肌的软组织灵活性训练也应定期进行。

认识到跑步步态的生物力学问题也可能是主要因素也很重要。最初的再训练应该着重于更轻盈地着地，以及膝关节应该更大程度地弯曲。这通常会改变你的跑步习惯，即从脚跟着地变为步幅更小的脚中部着地。

何时寻求医疗帮助

由于髌股关节综合征比较顽固并且可能复发，因此必须及早发现潜在的原因。 如果按照上述方法治疗 3–4 周没有好转，请进行深入的医学评估。我强烈建议对任何遵循常规治疗而没有取得效果的人进行跑步步态评估。我看到太多跑步者已经做了几个月或甚至几年的力量和柔韧性练习，但始终没有得到改善。通常，微小步态问题可能会导致持续的髌股关节综合征。

在老年人群中或更极端的情况下，骨性关节炎可能是根本原因，因此导致膝关节摩擦增加。如果你注意到膝关节内存在摩擦、磨碎或肿胀，说明骨性关节炎可能对髌股关节综合征有影响，这应该由医疗专业人员进行检查。

髂胫束综合征（ITBS）

成因

大多数跑步者都听说过髂胫束或IT束综合征，这是另一种常见的疾病。它的成因是髂胫束上的过度应力或摩擦以及膝关节外侧出现潜在骨突起。这可能是由不良的下肢生物力学对位造成的，与髌股关节综合征和/或较差的跑步生物力学成因类似。如果在跑步过程中膝关节内扣，则会使膝关节外部的负荷增加。这个负荷增加了髂胫束在骨骼上滑动时的摩擦力。更严重的摩擦和更多的重复可以增加出现炎症的风险。跑步者在着地时膝关节过伸也会导致髂胫束的负荷过重。

表现

疼痛存在于膝关节外侧并且通常能够进行触诊，位置在髌骨水平常常靠近膝关节最外侧骨突处。休息时疼痛通常不会出现，但在久坐或睡醒后开始运动时疼痛可能会加剧。盘腿而坐时，有些人会感到轻度疼痛。与髌股关节综合征表现类似，开始运动后症状通常会好转。跑得越多疼痛往往越明显。持续了一段时间的疼痛往往会迫使你停下来。下坡或慢速跑有加剧症状的趋势。跑步上山或者快速间歇跑可能使痛感稍微缓解。

自我治疗

如果症状较轻，最初的治疗方法可以是进行髂胫束和周围软组织的灵活性练习。与冰敷结合，可能会缓解症状，使你能够继续跑步。如果症状比较严重或者已经持续了一段时间，必须休息。开始休息 5–7 天，同时进行上述治疗，以减轻炎症和疼痛。除髂胫束、屈髋肌和阔筋膜张肌的软组织灵活性外，柔韧性练习也很重要。后期治疗应包括髋关节力量和核心稳定性训练。必须再次强调，评估跑步步态是极其重要的。许多跑步者在跑步的时候膝关节过度伸直，这样对髂胫束的摩擦力加大。在跑步时尽量减少膝关节过度伸直的患者常常可以完全消除症状。

何时寻求医疗帮助

如果症状已经持续 3–4 周或更长时间，应该寻求专业医疗帮助。这样可以确诊并指导你朝向正确的方向治疗。

髌腱病 / 髌腱炎

成因

髌腱在髌骨下方，髌腱经髌骨连接股四头肌与胫骨。它被认为是一个垂直走向的厚韧带。跑步时股四头肌与臀肌密切配合，帮助缓冲接触地面时的冲击力。如果它们力量不足以减缓这种冲击力，髌骨肌腱通常会过度负载并发炎。这种模式持续时间较长，肌腱往往会产生疤痕组织并变厚，使康复更加困难。如果在跑步和负重练习中，下半身控制能力和对位不佳，髌腱会承载更大的负荷。

表现

在更严重的情况下，在膝关节前部髌骨下方的周围出现疼痛和肿胀，触摸髌腱时会产生触痛。蹲、跪或试图拉伸股四头肌弯曲膝关节时，通常会出现症状。跑步时疼痛通常会加剧，跑步地形和速度对症状严重程度影响较小。

自我治疗

最初的治疗应该包括对股四头肌和屈髋肌的轻度柔韧性练习。这些部位的软组织灵活性练习以及对肌腱的自我按摩也对缓解症状有所帮助。对肌腱进行上下、前后按摩，按摩时可能会有些疼，但是之后应该会感觉好些。如果跑步时症状加剧并持续一段时间，那么短时间休息是很重要的。在此期间，冰敷有助于减轻炎症。

在大多数情况下，跑步者开始治疗前，髌腱已经疼痛了一段时间，因此，长期治疗计划应该把重点放在髋部特别是臀部力量训练上。此外，已经证明股四头肌的离心力量训练计划对更多的慢性病例有益。虽然是不同的练习，但这与股后肌群近端肌腱的治疗方法类似。可以在椅子或更高的平面上通过单腿下蹲进行练习，仅练习下蹲阶段，坐姿站起时可用手和另一条腿的协助。

何时寻求医疗帮助

如果出现上述情况或症状持续 3–4 周，则需要进行深入的医学评估。基于炎症轻重程度确定休息时间。此外，治疗计划可能需要包括更多的力量和稳定性练习。

跟腱病 / 跟腱炎

成因

跟腱将构成小腿三头肌复合体的肌肉附着于足跟后部，这似乎离核心很远，但实际上，跟腱与上方的核心链发生的情况有着密切联系。想象在膝关节伸直及屈曲的情况下跳起。膝关节绷紧伸直时，你将无法跳得那么高，因为所有的力量都来自小腿。但是，如果膝关节屈曲，则可以调动运动链上一些较大的肌肉，例如股四头肌和臀肌。一个不能很好调动臀肌参与运动的跑步者会更多地使用小腿肌肉，这最终会使跟腱超负荷，并增加受伤的风险。

下肢对位不良也会增加跟腱的负荷。想象一个外八字严重的人，过度旋前导致跟腱弯曲，使脚不能有效蹬离地面，从而导致超负荷。

表现

沿跟腱走向存在疼痛，但多数位于足跟正上方的跟腱基部。伴随疼痛，肌腱经常感觉紧张。这些症状在早上起床刚下地时或者一段时间不活动之后刚开始活动时更加明显。通常情况下，症状会随着运动得到缓解。跑步时，随着跑步时间持续增加以及跑步强度的增加，症状往往会加剧。

自我治疗

最初的治疗应将重点放在软组织灵活性练习以及小腿轻度柔韧性练习。与此同时，冰敷有利于缓解急性症状。根据炎症的严重程度，休息是必要的。

与大多数的股后肌群和髌腱慢性损伤相似，离心力量训练也有所帮助。可以通过将小腿抬离小木块或台阶来完成。请记住，只有在降低重心的运动中通过离心练习，跟腱组织才可以得到锻炼。在这种情况下，双手推住桌子或其他牢固物体，双脚与上身配合进行小腿抬起动作。需锻炼的小腿缓慢放下，这相当于执行重心向下运动，然后使用另一只手和脚帮助重新回到高位。

何时寻求医疗帮助

如果 3–4 周后症状没有好转，那么需要进行深入检查。根据损伤程度，在重新开始跑步之前应该制定治疗方案。而且，正如多数此类损伤一样，可能需要评估步态和跑步姿势。

外胫夹 / 胫骨内侧应力综合征

成因

外胫夹在初中和高中年龄段的跑步人群中非常普遍。它们通常是由附着在胫骨上的肌肉受到过度应力引起的。原因可能是不良的生物力学，例如过度使用脚后跟，或运动过量，或者力量不足。许多年轻运动员的身体仍在发育，他们的发育较快，但力量的增加与身高的增加不成正比。他们跑步时，力量和技术的不足会使附着在胫骨上的肌肉受到较大的应力，这种过度的应力会刺激骨骼的附着物。

表现

多数外胫夹发生在胫骨内侧下端，通常是触痛。根据严重程度，疼痛可能在跑步初期出现，或可能逐渐出现。在更严重的情况下，走路时会出现疼痛，并且下楼梯通常会使疼痛加剧。

自我治疗

休息 5–7 天，同时进行冰敷应该有助于缓解症状。在某些情况下，现成的鞋垫可能有助于使胫骨承受的应力最小化。长期的治疗计划需要将重点放在重新学习跑步技术上，以减少对胫骨的压力。这通常包括重新训练使用较小的步幅并限制脚跟着地，核心稳定性和髋部力量最大化也是至关重要的。这将有助于提高控制力，掌握更好的跑步技术并减轻胫骨的应力。

何时寻求医疗帮助

如果外胫夹不断加重或者集中于胫骨的某个点，则需要进行深入检查。如果不治疗，外胫夹可能会发展为胫骨的应力性损伤。

胫后肌肌腱病 / 肌腱炎及腓骨肌腱病 / 肌腱炎

成因

我把题目中的内容组合在一起，因为它们产生的机制与核心的关系往往是相似的。

胫后肌在小腿深处，横穿内踝之后成为肌腱，到足底内侧。它的主要功能是控制脚旋前或脚内旋的程度。核心控制和力量不足会导致足部过度的旋前，对肌腱产生压力并导致肌腱炎。

同样，腓骨肌是腿外侧的一组三块肌肉。它们拥有横穿于外踝之前和之后的肌腱。它们的功能是控制脚外旋的量。如果是高足弓或旋后足，那么这些肌腱会承受更多的压力，这可能会导致这些肌腱发炎。

表现

对于胫后肌肌腱炎，疼痛常位于穿过内踝区域及足底；腓骨肌肌腱炎的疼痛通常会穿过外踝到足外侧。跑步时间的增长和不平坦的地面会加重两者的损伤。随着病情加重，行走或站立时也有可能出现该症状。

自我治疗

最初，休息和冰敷有助于缓解急性炎症。现成的鞋垫也有助于短期缓解。如果症状较轻并且跑步未受影响，那么在跑道或小路活动时尽量使左右脚保持在一个平面上，凹凸不平的道路通常会使问题加剧。受累组织、腿内外侧的软组织灵活性练习可以缓解症状。长远来看，重点是控制脚向任何方向的过度运动。通过一系列柔韧性和力量练习，以及跑步技术的再训练达到以上目的。

何时寻求医疗帮助

像许多其他软组织损伤一样，如果你的症状对上述治疗没有反应或正在加剧，请在3–4周内就医。持续一段时间的炎症可能导致肌腱内产生疤痕组织，这可能需要通过改变治疗手段来解决。如果严重的症状长期存在，那么这些肌腱可能会发生撕裂。

足底筋膜退化 / 足底筋膜炎

成因

我们要探讨的最后一种损伤是足底筋膜退化。我称之为退化，因为在我的医疗实践中很少见到真正的足底筋膜炎。大多数患者在症状持续数周或数月之前不会求医。这说明，较低水平的刺激不会产生症状，但是症状出现后会十分痛苦且会长期存在。

足底筋膜是从跟骨延伸到足前部的带状组织，这有助于跑步时维持足弓控制以及改善脚蹬地时的推动力。跑步时髋部力量不足或位置不佳可能导致过度旋前或外八字，这会在足底筋膜上施加过多的负荷，并且使足有效蹬离地面的能力最小化。最初这导致了足底筋膜出现炎症，恶化后出现微小撕裂，并且会发生筋膜的退行性改变。

表现

足底筋膜损伤往往是起源于脚跟底部筋膜的疼痛。通常这种疼痛存在于脚跟底部的内侧。躺下时疼痛会消失，而在站立时，特别是晨起后站立疼痛会加剧。正常情况下，步行几分钟后疼痛会好转。跑步时，疼痛可能出现，但也可能不出现。如果出现疼痛，通常会随着跑步时间的增加而加剧。如果在跑步期间未出现疼痛，那么久坐之后变换姿势经常会出现疼痛。

自我治疗

对于跑步者来说，这可能是一个顽固性损伤，但如果治疗得当是可以治愈的。如果你第一次感受到足底筋膜疼痛，我会根据情况进行基本处理，对足底筋膜和小腿进行轻度拉伸和进行软组织灵活性练习。定期冰敷和短时间的有效活动也有助于控制症状。如果症状持续了几个星期，或者这是老伤的恶化，基本治疗可能是不够的。屈髋肌拉伸，臀部加强力量，核心稳定练习是更好地进行治疗的基本要素。通过改善这些并在走路或跑步时努力控制足部的力线，症状会随着时间的推移而得到缓解。另外，如果确定了根本原因，再次发生率可以降至很低。

何时寻求医疗帮助

我强烈建议尽早对此进行评估。跑步者出现症状时间很长才治疗是很常见的，这使得它变得顽固和治疗效果不佳。如果你过去经历过，现在疼痛又开始出现，应寻求医疗帮助。如果这些症状是第一次出现的话，可以在 1–2 周内按照上述方法进行治疗，但是如果症状恶化，在发展成慢性之前请医疗专业人员制定一个合适的治疗方案。

重要的是要认识到，柔韧性、软组织灵活性、力量、稳定性和技术是损伤能否康复的关键。但过度使用或过度训练也可能是罪魁祸首。跑步者是非常有动力的人，他们喜欢鞭策自己。以保持最完美的身体状况、良好的条件和跑步技术的跑者为例，如果跑步者增加里程太快或训练过度，他可能会受伤。

在这样的情况下，柔韧性和力量练习可能有助于减轻症状，但是进行适当的休息和修改跑步计划之前，他依然有受伤的风险。

现在我们已经介绍了大多数最常见的与跑步有关的损伤，所提供的信息应作为直接处理损伤的参考，但不可以替代医学检查。如果症状没有改善，或伴随出现身体其他部位的症状，请与你的初级保健医生讨论适当的治疗方案。

这些章节中列出的自我治疗为处理这些损伤提供了一个起始点。你越了解自己，就越能指导自己进行治疗。更重要的是，你对自己的身体了解得越多，就越能防止受伤。现在让我们来评估你当前的柔韧性、核心稳定性和运动模式。

第五章 跑步者核心评估

如感觉开始出现疼痛，大多数跑步者会思考为什么出现伤病，或者确立加强核心力量的总体目标时，跑步者会转向上网或看杂志查询相关答案。这些信息来源中包括很多易于完成的训练计划和练习方法。但是，问题是这些计划并不是针对你制定的。

想象两个案例。第一个，一个作为体操运动员和芭蕾舞者的高中女生决定进行 5 千米训练。她在网上为自己找到了一个核心训练计划，包括髋部拉伸和力量训练。于是她开始了训练。但这个已经是体操运动员的人真的需要做更多的柔韧性练习吗？她甚至需要力量训练吗？对她来说这些练习就是浪费时间。事实上，她可能只需要学习更好的跑步姿势，而她不能通过新计划完成这一点。

第二个案例。想象一个每周除了出差就是在办公室里工作的 40 岁男人决定进行 5 千米训练。他在网上为自己找到了一个核心训练计划，包括髋部力量和核心稳定性训练。几个星期后，他觉得这些练习是有效的，因为它们越来越容易。但是一个整天坐着，经常出差的人更缺乏灵活性，他可能需要进行一些活动和柔韧性训练。

为了确定你需要关注的部位，你需要评估你的核心，这是本章的主要内容。作为核心评估的一部分，我们将探讨多个方面：核心稳定性，总体力量，柔韧性，灵活性，平衡性，呼吸控制和动态控制，这些都是构建完整核心的重要基石。你将看到几个测试，可能觉得它们与核心无关，但要记住，你的核心是一个复杂的链条，只有最薄弱的环节才能决定整个链条的强度。

跑步者核心测验中最重要的组成部分是步态评估。对于跑步者来说，花几个月的拉伸和力量练习还是很容易的，而这可能根本不是问题所在，根本问题可能是他们跑步的方式。步态评估不多的原因之一是因为它成本更高并且需要专家指导。

如果要自己评估，你需要一个秒表、一个可以给予反馈的助手（或镜子），以及一台摄像机。而且，这个评估应该是赤脚进行的。

记住，当你进行这些测试时，质量比数量更重要。通过测试肌肉获得了更高的分数看起来可能是一个好主意，但它确实扭曲了测试的初衷。这个评估大概需要 30 分钟，但是长远来看可以节省你的时间。进行过程中记录你的分数。还有一点很重要，就是要知道为什么为自己打分，是为了把注意力集中在动作的质量上。每个测试的评分为 0，1 或 2。如果测试中你感到疼痛，请放弃测试，那么其评分为 0。脱下你的鞋子，让我们开始吧。

第 1 部分：呼吸控制

测试 1. 呼吸

目的

该测试将评估你的呼吸模式和你控制呼吸的能力。这是运动和跑步过程中核心获得最佳姿势的重要基础。

测试方法

平躺在地上，膝关节弯曲，双脚平放在地面上。将双手放在胸前，拇指放在下肋处，手掌在放在腹部两侧，手指覆盖腹部，放松呼吸 5 次。对比肋骨与腹部的起伏。

评分标准

0：呼吸过程中，肋骨剧烈起伏，是呼吸的主要驱动力。

1：呼吸过程中，肋骨与腹部一样无起伏。

2：呼吸过程中，肋骨无起伏，几乎没有运动，腹部运动更多。

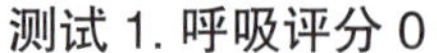

测试 1. 呼吸评分 0

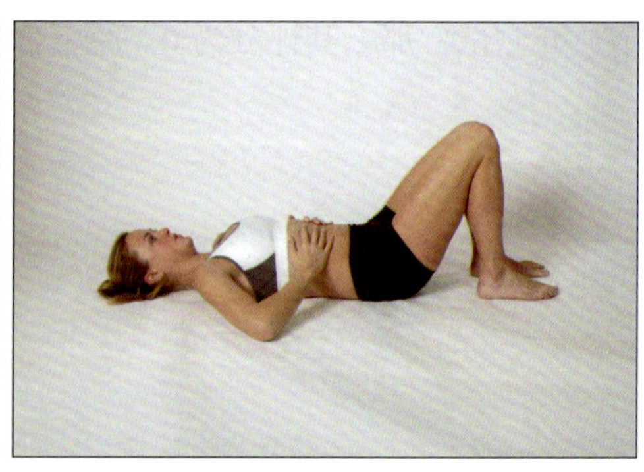

测试 1. 呼吸评分 2

第 2 部分：活动 – 柔韧性 / 灵活性

测试 2. 下蹲

目的

下蹲测试用于评估你的脚踝、髋部和脊柱的灵活性。这也是整体运动模式的总体反映，这对于核心控制和跑步的生物力学技术至关重要。

测试方法

双脚分开站立，与肩等宽，指向前方。双臂在前面伸直，使其平行于地面。像坐在椅子上一样蹲下，尽可能低。确保你的脚后跟始终与地面接触。注意你可以蹲多低，背部曲度变化情况，以及你的脚和膝关节指向哪个方向。

测试 2. 下蹲评分 0

测试 2. 下蹲评分 1

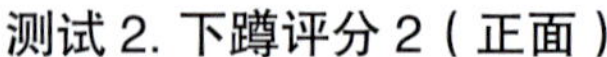

测试 2. 下蹲评分 2（正面）

测试 2. 下蹲评分 2（侧面）

评分标准

0：下蹲时髋部水平面在膝关节之上。

1：下蹲时髋部接近膝关节的高度，但是脚后跟会抬起离开地面，脚和/或膝关节会偏离向前指的方向。

2：下蹲时脚和膝关节指向前方，髋部在膝关节水平以下。

测试 3. 单膝跪

目的

单膝测试可以评估跑步姿势下骨盆的灵活性，一条腿在前，一条腿在后。该姿势同样能够评估大脚趾和脚踝的灵活性，这是姿势较好的跑步者的关键部分。

测试方法

你需要一堵墙，面向墙壁，将一侧膝跪在地上，另一侧膝关节在身体前弯曲，脚平放在地面上，大脚趾靠近墙壁。身后的另一只脚应该与地垂直，下方脚趾弯曲。骨盆轻度卷曲，使脊椎不会过度拱起，保持姿势。向前移动髋关节和膝关节，同时保持垂直姿势。如果膝关节可以舒适地接触到墙壁而脚后跟不会抬起，那么脚离墙更远一点。找到前面脚脚跟抬起或外翻，或者髋部失去原来姿势之前膝关节可以接触到墙壁的位置，记下大脚趾到墙壁的距离。这个测试的目的是评估在身体对位良好的情况下脚趾离开墙的距离。还要注意后面脚的大脚趾是否水平。不需要精确测量角度，可以进行粗略估算。然后换另一条腿向前进行相同的测试。

评分标准

** 两侧必须符合分类中的所有标准才能获得分数；如果不是，应获得较低的分数。

0：大脚趾到墙壁的距离不到半个拳头的宽度；你的髋部过于绷紧限制了你进行这项测试的能力；后面脚趾的角度在 0–30° 之间。

1：大脚趾到墙壁的距离有半个拳头到一个拳头宽度；测试过程中髋部没有任何紧绷感；后面脚趾的角度是 30°–70°。

2：大脚趾到墙壁的距离有一个拳头以上的宽度；测试过程中髋部没有紧绷感；后面脚趾弯曲到 70° 以上。

测试 3. 单膝跪测试，测量大脚趾到杆 / 墙的距离。

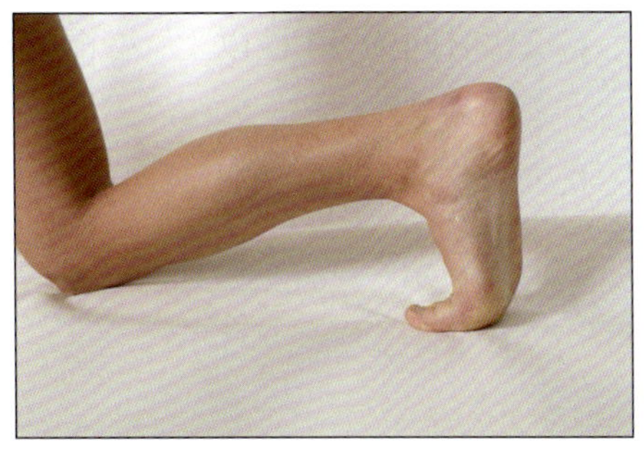

测试 3. 单膝跪，大脚趾角度为 80°，评分为 2。

第 3 部分：核心稳定性

测试 4. 躯干屈肌耐力

目的

该测试用于评估核心的稳定性，重点放在核心区前部及其耐力。这项测试应注重质量，反映了你保持跑步所需的髋关节和脊柱的正确姿势的控制能力。

测试方法

平躺在地上，双手轻轻插入背后，保持腰部压住手的姿势。将头和肩部抬起，略微离开地面。现在抬起你的腿，使你的髋部和膝关节都弯曲到 90° 。计算你可以保持这个姿势的时间，时刻注意保持腰部压住手。如果你的腿、头部或肩下降，或者如果你的腰部开始拱起，停止计时。

评分标准

0：时间为 0–44 秒

1：时间为 45–89 秒

2：时间为 90 秒以上

测试 4. 躯干屈肌耐力测试

测试 5. 侧平板支撑（左和右）

目的

该测试用于评估核心的稳定性，重点放在核心区侧面及其耐力。 这些区域是在步态支撑相中维持下肢和躯干控制的关键。

测试方法

侧卧，上方腿置于下方腿的稍前端，下侧的前臂在肩部正下方撑地。髋部抬起离地，同时平衡脚和手臂。脚、髋部、脊柱和头部保持一条直线。注意不要让你的髋部向下降。计算保持这个姿势的时间。如果你的髋部下降或抬起，或者身体开始前后摆动，停止计时。然后换另一面重复测试。

评分标准

* 两侧必须都符合相同的时间分级评分标准。如果没有，用较短的时间进行评分。

0：时间为 0–29 秒

1：时间为 30–59 秒

2：时间为 60 秒以上

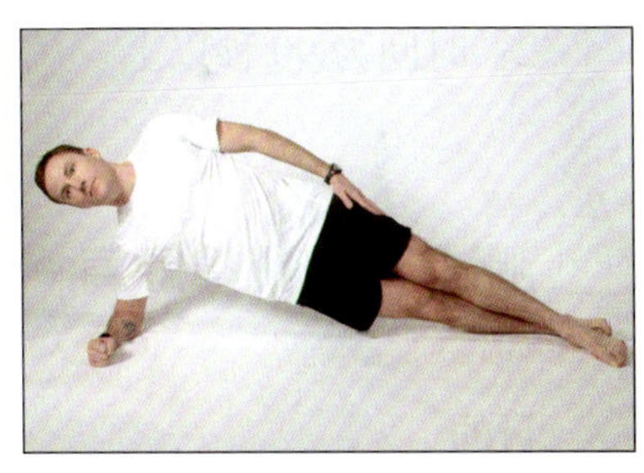

测试 5. 侧平板支撑测试

测试 6. 平板支撑

目的

该测试用于评估整体核心的稳定性和耐力，包括髋部和核心的所有部分。它是评估整体核心耐力的良好基准。

测试方法

测试 6. 平板支撑测试

平趴在地上。将前臂平放在地面上，肘部在肩下方。将身体抬离地面，脚踝、膝盖、髋部、肩部和头部呈一条直线。

注意保持腹部和臀部绷紧，使腹部向地面下降的程度最小化。计算保持这个姿势的时间。如果你的髋部下降或抬起，停止计时；如果你的腹部下降，也停止计时。

评分标准

0：时间为 0–44 秒

1：时间为 45–89 秒

2：时间为 90 秒以上

测试 7. 俯卧撑触肩

目的

该测试用于评估旋转核心的稳定性。考虑到在每个跑步步态中髋部和躯干会发生的反向运动，所以对于跑步者来说，旋转稳定性是至关重要的。

测试方法

俯卧撑姿势，双手撑地与肩同宽，双脚分开与肩同宽，保持身体平直。慢慢地用一只手接触对侧肩部，然后在另一边进行相同动作。每个肩部重复触碰 5 次。如果无法进行此操作，请将双脚分开宽度扩大至 3 个脚长的

测试 7. 触肩俯卧撑测试，起始姿势

测试 7. 触肩俯卧撑测试，结束姿势

距离，然后重试。这个测试的动作应该慢慢进行，期间保持躯干和肩部位置水平。

评分标准

0：无法保持身体姿势和在宽脚位条件下单侧完成 5 次慢速触碰肩部。

1：能够在宽脚位条件下完成 5 次慢速触碰，但是不能够在窄脚位条件下完成 5 次触碰。

2：双脚与肩同宽时可以完成 5 次及以上的慢速触碰肩部。

第四部分：全身力量

测试 8. 单腿提踵

目的

该测试用于评估每条小腿的力量。在步态的首次触地期和承重反应期阶段，小腿力量对缓冲冲击至关重要，而且对支撑相末期蹬离地面也很重要。小腿力量不足或力量不平衡可能会导致核心超负荷或核心力矩增加。

测试方法

垂直站立，用一只手握住一个稳定的物体来帮助平衡。一只脚抬离地面，另一只脚的脚跟离开地面，尽可能提高。然后将脚跟放下直到轻轻接触地面。以缓慢而有节奏的速度重复这个上 / 下运动，期间不要休息。计算每侧可以完成的次数。如果你需要休息，则停止计数。

测试 8. 单腿提踵测试

评分标准

** 两侧必须获得相同水平的评分；否则，以低分作为最终评分。

0：重复 0–9 次

1：重复 10–24 次

2：重复 25 次以上

测试 9. 单腿下蹲

目的

该测试用于评估单腿单独使用时的整体力量，它也用于评估在运动过程中核心控制单侧肢体力量的能力。这对跑步者来说是最佳测试之一，因为跑步是一项单腿活动——双腿永远不会同时在地面上。每条腿都必须能够承受来自体重的压力和地面的冲击。更重要的是，核心可以适当地控制地面腿的对位。

测试方法

首先，计算你身高的 1/3。单腿下蹲将使用这个高度。

身高（英尺）________ × 0.33 =________ 目标高度（英尺）

接下来，找一个与目标高度相同的物体，例如低矮的咖啡桌或椅子，如果需要可以在上面放置必要数量的书或其他小物体，直到达到计算的高度。现在，站在桌子或椅子前面，当你下蹲时，你的臀部会向后移动，并能够轻轻接触到物体顶部。现在你已经准备好，可以开始测试。

从一条腿开始。脚朝前，尽量完成可控制的下蹲。确保膝关节朝前，髋部保持水平，向后伸。臀部轻轻触碰到设置的物体后，然后完全站直，膝关节伸直，完成这一连串动作记为 1 次。如果你失去了平衡，或者需要用你的脚或手来协助平衡，那么这次不计算在内。使用镜子或录像记录完成此操作的过程可能有助于观察你的下半身对位情况。

测试 9. 单腿下蹲测试

测试 9. 脚和膝关节完美对位时完成的单腿下蹲，评分为 1 或 2

评分标准

0：总重复次数为 0–9 次，并可以有效控制脚和膝关节的对位。

1：在脚和膝关节完美对位的情况下，总重复次数为 10–19 次。

2：在脚和膝关节完美对位的情况下，总重复次数为 20 次以上。

第五部分：静态和动态控制

测试 10. 单腿平衡

目的

该测试用于评估你的静态跑步平衡能力。平衡反映了你的身体如何良好地工作，以及它的反应速度。核心区是稳定的关键，稳定的目的是使多余的活动最小化并改善控制。因为支撑阶段每条腿的步态都会包含一个短暂的平衡期，所以平衡能力对跑步的作用是直接的。

测试方法

单腿站立，膝关节屈曲约 30°。手臂保持像跑步时的姿势。将你的中心略微前移到脚的前部，但保持脚跟接触地面。计算保持这个姿势的时间，如果你稍失去平衡，或不得不把另一只脚放下，停止计时。然后在另一侧重复这个测试。

测试 10. 单腿平衡测试

评分标准

** 两侧必须均符合相同的时间分级评分标准。如果没有，用较短的时间进行评分。

0：时间为 0–44 秒

1：时间为 45–89 秒

2：时间为 90 秒及以上

测试 11. 单腿三次跳跃

目的

该测试用于评估单腿动态控制的对称性。对称性对跑步时全身的整体平衡和稳定性至关重要。对于以最有效且最少受伤倾向的方式跑步时每条腿能够承受的负载，动态控制是极其重要的。

测试方法

找一个前方有一些空间的地方。在地面标记一个点作为一个起点，双脚站在那里。选择一条腿，竭尽所能向前完成 3 次单腿跳跃，每次跳跃着地时坚持停留 1 秒。标记最后脚趾的着地点，并测量两点间的距离。确保动作可控。如果由于平衡原因而放下另一只脚，则需要重新测试。每侧进行 3 次试验，并记录每侧 3 次跳跃后最远一次试验的距离。

测试 11. 单腿三次跳跃测试中单次跳跃的姿势

如果可以的话，请他人从前方或后方观看或拍摄。观察你的脚指向哪个方向、膝关节的移动方向，以及蹬出和接触地面时髋部的水平情况。

评分标准

一侧跳出的较短距离除以另一侧跳出的较长距离得到 A（较短距离 / 较长距离 =A）

A 乘以 100 得到 B（A × 100 = B）。

100 减去 B 得到 C，即两侧距离差异的百分比（100 – B = C）。

0: C 为 20% 或更高

1: C 为 10%–19%

2: C 为 0–9%

第六部分：跑步技术

测试 12. 跑步技术的自拍

目的

以上测试已经评估了核心稳定性、核心力量和核心控制的各个区域。我们现在必须把它们付诸实际跑步运动，因为如果看不到自己怎样跑步，跑步者的核心自我评估是不完整的。

你以前看过自己跑步吗？如果没有，这是非常重要的。我们并不都是步态分析的专家，但是完成这项测试也不需要你成为专家。当我拍摄在诊所跑步的患者并向他们展示拍摄录像时，我会感到非常惊讶。我经常听到："我跑步的时候是这样吗？我手臂的动作真的是这样的？我以为自己是脚趾着地，而不是脚后跟。"多数录像发现都是非常明显的，只需要简短的视频和一点点时间。

测试方法

现在把你的跑鞋穿上完成这个测试。测试需要跑步机或大约30英尺（9.144米）的开放区域。如果你在跑步机上，让你的帮手从前面、侧面和后面拍摄10秒钟的视频。如果你在外面，让你的帮手以相同角度拍摄30英尺的距离。

现在，看这些视频寻找关键点：

- 你的手摆过中线或肚脐吗？
- 你的脚是否没有指向正前方？
- 你的膝关节是否没有朝向正前方？
- 你的髋部是否水平或者你的腰带线是否与地面平行？
- 你的躯干是否左右旋转过度？
- 你是否向前弯腰？
- 你的脚是否远离身体前方接触地面？
- 你是否脚趾抬起而脚后跟重重着地？
- 你是跳跃着跑吗？

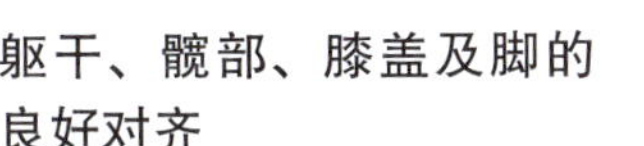

躯干、髋部、膝盖及脚的良好对齐

膝关节无力，身体塌陷

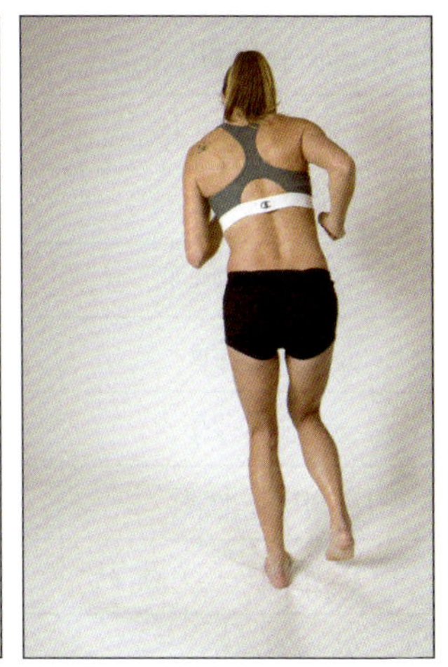

躯干控制不佳，过度侧向摆动

评分

这是一个定性测试，不用评分。 上面列出的关键点作为评估的起点。如果你注意到这些，它们看起来是不明显的还是非常显著的？ 程度很重要。另外，你是否注意到左右之间的不对称？ 跑步应该是对称的，两侧的差异可能反映了一个潜在的受限和受伤的前兆。

设计这个测试的目的不是希望取代专业的视频步态评估，这只是跑步者的自我观察。你将在 30 秒的视频中学到很多东西，这会使你在跑步时时刻提醒自己。如果你正在寻求更深入的分析和反馈，我强烈建议咨询一名专家进行跑步步态评估。

最终评分表

测试	分值（右侧 R/ 左侧 L）	测试评分（0、1、2）
1：呼吸控制		
2：下蹲		
3：单膝跪	R　　　　L	
4：躯干屈肌耐力		
5：侧平板支撑	R　　　　L	
6：平板支撑		
7：俯卧撑触肩		
8：单腿提踵	R　　　　L	
9：单腿下蹲	R　　　　L	
10：单腿平衡	R　　　　L	
11：单腿三次跳跃	R　　　　L	
	总评分	

对于会产生左右两侧分值的测试，如果两侧的分值不同，应选择较低的分值。

总评分解读

0-10：差。你做了这个测试是一件好事，因为通过制定一个解决你存在不足问题的计划，你将看到你的核心有所进步，这对跑步有利。

11-13：平均水平以下。你有几个方面需要改进才能达到平均水平。有了一个有针对性的计划，你将开始一步一步地进步。

14-16：平均。你处于中间水平，稍微关注一下某些不足，你可以更接近领跑者。

17-19：好。你只需要改善几个方面，其他方面已经做得很好。

20-22：优秀。很棒！微调弱点并加以保持。

当你分析每项测试的结果时，不仅要关注每次测试的最终得分，也要关注运动的质量。质量和数量同样重要，但要评估质量更难。此外，还要特别注意双侧测试之间的对称性，如：单膝跪、侧平板支撑、单腿提踵、单腿下蹲、单腿平衡和单腿三次跳跃。两侧的数字应该是相同的或彼此十分接近的。如果差异很大，请在训练期间尽力平衡。

这些结果可以帮助你制定一个计划，从而使整体核心健康最大化。这些结果也是追踪训练进展的一个很好的参考点。坚持这些方面的训练，几个月后重新评估，你会看到稳步的改善。在每个跑步季或新的训练计划开始时重新评估，这有助于在问题出现之前找到缺陷或不平衡。

在下一章中，我们将运用你的测试结果建立一个更健康的核心。

第六章 核心姿势及呼吸

你对第五章测试 1 中的呼吸测试有什么看法？这个测试难以完成吗？你有没有想过为什么将呼吸作为一本关于核心书的第一个测试？大多数人认为仰卧起坐或平板支撑是评估自己核心的最好测试方法，但你要做的应该远不止这些。核心位置、身体姿势以及呼吸方式直接影响着跑步时核心激活和稳定的能力。

从呼吸开始——这是你的生命线。呼吸就是身体中的细胞如何获得对生命至关重要的氧气以及呼出有害二氧化碳的过程。氧气对细胞功能是必不可少的。它用于产生能量，使你的身体正常工作。当对身体提出更高的要求，比如跑步时，需要更多的氧气。所以要做到这一点，你需要提高呼吸的速率，并且最大限度地增加每次呼吸时的换气量。

想想你上一次跑步并开始疲劳时的情景，你的呼吸变得更加费力，这很自然。随着身体素质的提高，跑步过程中疲劳会更晚出现或会在步速更快时出现。但是，怎样延缓疲劳呢？因为呼吸与疲劳直接相关，让我们一起来关注一下。

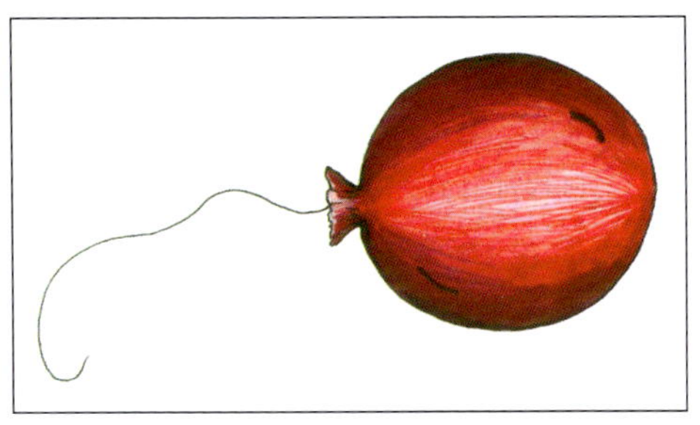

气球代表扩张时的肺

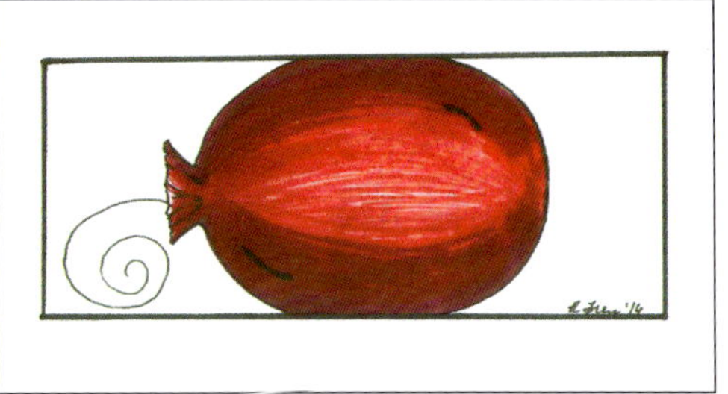

气球被限制在盒子中，与肺在身体的胸腔相似

每次呼吸时都会有一定量的氧气充满肺部，为换气做好准备。如果你的肺部能够扩张并获得更多的空气，那么将会为身体提供更多的氧气，因此身体可以产生更多能量。你的肺就像气球，空气进入，气球膨胀。现在，如果气球放在一个小盒子里会发生什么情况？你仍然可以在气球中吹入空气，但是当球达到盒子的大小时，会受到限制，无法再扩大。那个盒子便是你的胸腔。胸腔使肺虽然有一定弹性，但毕竟有限，这意味着你需要其他途径向肺部充入更多空气。

所以，我们将注意力转向膈肌。这是肺部下方的大而扁平的肌肉，是核心或“盒子”的顶部。它的作用是把空气吸入肺部。静止时膈肌看起来像是一个降落伞。当它收缩时，向下变平。这个动作使胸腔内压力下降，并增加肺所在的胸腔的体积，从而使肺充满空气。膈肌能够下降的越多，呼吸越深。核心的姿势是关键。

回想一下第 2 章中剪刀开口征姿势，骨盆前倾，下方肋骨向上抬起。在剪刀开口征姿势下，膈肌仍然是一个圆顶，但面不是朝下，而是更向前。相比之下，盆底肌肉组织也更向前，而不是保持平坦。如果膈肌和骨盆底在这个位置收缩，所有的压力将被向前推进。想象用双手挤果冻，如果按压时双手是倾斜的，那么果冻将沿着双手开口的一侧被挤出。但是，如果手是平行的，那么压力会指向四周，果冻就会被挤到任何地方。膈肌和盆底肌的作用类似，应相对平行，并能相互对抗以提高核心的稳定性。

中立位核心

在此我必须提到“中立位核心”。这是你的核心与骨盆完全对位的姿势，从左到右水平，向前倾斜最小化，腰椎和胸椎具有小的自然曲线，因此胸腔在底部水平。牢记中立位核心姿势，因为这不仅在你跑步的时候是重要的，而且对几乎所有被用来改善核心的练习都是重要的。没有这个姿势，你不能使体能最大化表现。

通过这个简单的重置练习帮助建立一个中立位核心。

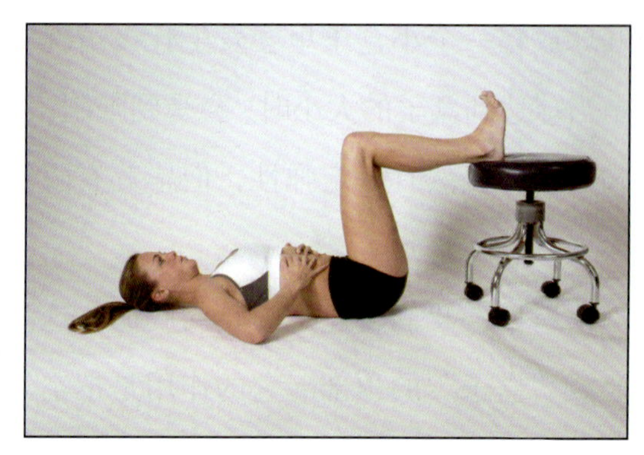

膝关节和髋屈曲 90° 建立核心中立姿势

平躺，髋和膝均屈曲到 90° ，将脚放在椅子或墙上以获得支撑。感受腰部下方，评估背部和地板之间的空间。希望这个空间是最小的。此外，在这个姿势下感受你的胸廓下缘。它是否与你的其他肋骨水平，或者它是否向上突出？希望它处于水平位置。首先略微骨盆卷起，尝试当抬起髋部前侧时抬起骶骨，这样做时，你的后背应该变平。现在，向下稍微按压下方肋骨，你现在应该处于中立位核心姿势。如果这很容易，双腿平放在地面上进行这项练习，然后进阶到站立练习。

现在你明白了中立位核心姿势，我们将继续关注呼吸。真正的核心稳定性始于空气。你会从第一章中了解关于核心肌肉组织的内容，并且如果其中没有空气，那么它是不完整的。核心内部的压力使你稳定。如果核心的一个肌肉单独收缩，它只会引起活动而不是稳定。如果所有的肌肉一起收缩，一个稳定的级联就开始了，但是它们需要与某些东西相抗衡。在这种情况下，相抗衡的东西是空气。想象一个软的充气球。如果用一根手指戳它，你会感受到海绵状感觉，并且手指会陷入其中。但是如果把你的手按压在气球的两边，球的压力就会增加并变得更坚硬。如果此时你将手指压进去，你会感觉到更多的阻力，这与你的核心是一样的。

当你吸气时，你的膈肌收缩，空气填满肺部。核心处于正确姿势的情况下，你的腹部压力会增加，这被称为腹内压，即IAP。应该使IAP最大化，以提高整体核心稳定性。要做到这一点，你必须从正确的姿势，有效的呼吸开始，然后平衡膈肌、骨盆和躯干肌肉之间的收缩。如果这一切都做得很好，那么IAP将会变得更大，核心也将会更加稳定。

婴儿在这方面做得很好。在婴儿身边观察他们的呼吸，你会注意到，婴儿有一个大肚子，这往往是他们呼吸的主要动力。他们的呼吸大部分来自肺和膈肌的有效运动，这增加了压力和核心的稳定性。如果呼吸不能很好地促进压力交换，那么最终会以更顶端模式完成呼吸。顶端呼吸是呼吸时上胸部的活动占主导地位，在放松的状态下，不应该有这种呼吸模式。

下一次你和朋友一起跑步，观察看他们的呼吸。你会发现，一个运动时毫不费力的人会拥有一个轻松的呼吸模式。他的上胸部、肩和背部的动作很少，这才是反复活动和轻松练习应有的方式。相比之下，看看跑步时痛苦挣扎的人。你会注意到，这个人努力获得更多的空气，并看到胸部上方的扩张，这是低效的。这个人很容易接近极限并且很快便需要休息，因为顶端呼吸模式很难维持下去。

我喜欢把这称作是战斗或逃跑呼吸。如果你外出跑步时遇到熊的追赶，我希望你竭尽所能地吸入空气。这与过度换气类似，是不可持续的。因此，为了提高整体效率和能力，你需要在跑步时很好地进行膈肌呼吸。

腹式呼吸

开始时姿势与前面相同，髋部和膝关节均屈曲 90°，双脚放在椅子或墙上。把你的核心置于中立位。现在，吸一口气，感受气体的去向。你觉得是你的胸部还是腹部扩大更多？

如果主要是胸部扩大，你需要进行以下练习。一只手放在胸前，另一只手放在腹部。专注于呼吸去运动放在腹部的手，胸部上的手应该保持相对静止。如果这具有挑战性，试着用手轻轻压在胸前，这将有助于减少胸部的起伏。把注意力放在腹部呼吸，用手轻轻按压在胸部，将上面的手想象成站在你身上的大象，可以限制你呼吸空气的能力。现在，鼻子吸气，并通过嘴巴呼气。多加练习直到大部分的呼吸都来自腹部的运动，使你下面的手产生运动。

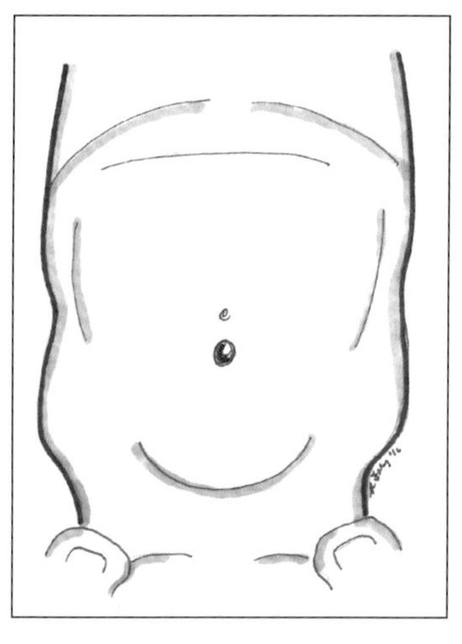

具有圆轮一样腹部的正确呼吸方式

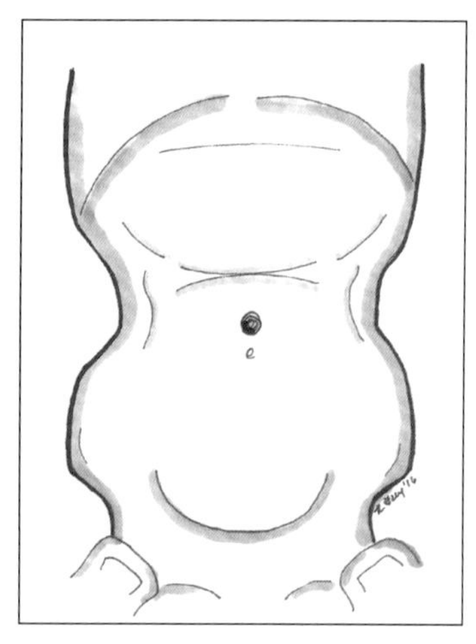

具有沙漏效应的错误呼吸方式

可以控制腹部呼吸后，双手把它们放在你的腹部两侧。继续像上面那样呼吸，不仅关注腹部的起伏，而且关注腹部是否向两侧膨胀。我们希望核心区发生圆周扩展。为了解决这个问题，想象一个你试图在所有方向进行填充空气的内管，如果空气不能填满所有方向，说明你可能会有所谓的沙漏综合征，这是不高效的。

当掌握了良好的圆周式膈肌呼吸时，以更具挑战性的姿势来控制呼吸。

呼吸姿势的进阶

1. 平躺，足部辅助支撑，髋部和膝关节均屈曲 90°。
2. 平躺，膝关节屈曲并将脚放在地面上。
3. 双手和双膝四点着地。
4. 平躺，腿放平。
5. 坐在小台阶上，后背略弯曲。
6. 站立。
7. 在核心稳定性练习过程中呼吸。

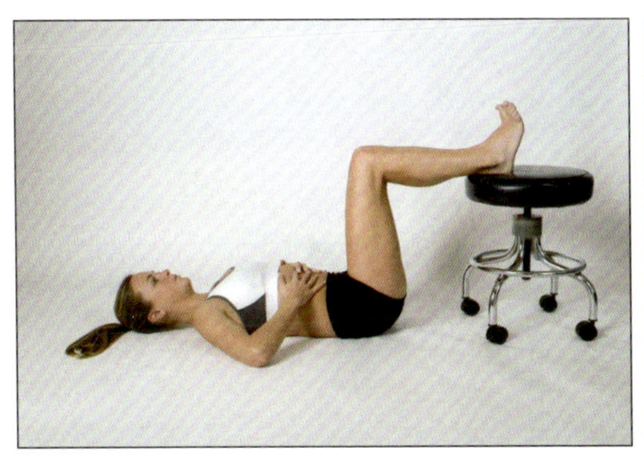

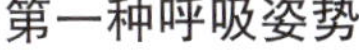

第一种呼吸姿势

第五种呼吸姿势

呼吸和姿势

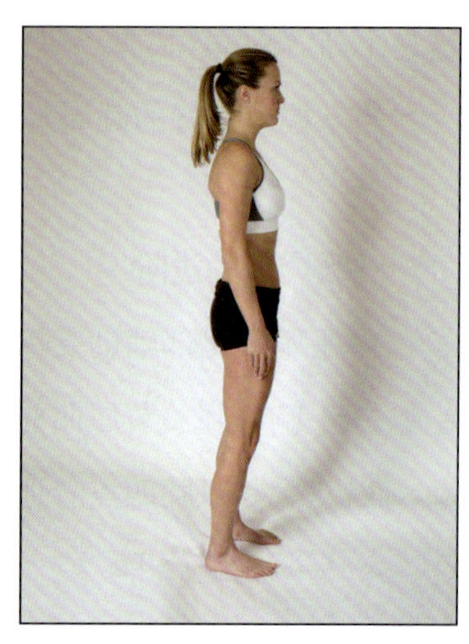
头部、肩部、核心中立、膝关节及脚良好对齐情况下的站姿

我们已探讨了中立位核心和腹式呼吸，现在让我们把这个应用到姿势中去。在这种情况下，我们已经不是讨论日常活动过程中的姿势，而是在核心练习和跑步过程中进行讨论。稍后我们将讨论日常姿势对我们跑步的影响。

运动姿势的基础是核心位置和呼吸姿势。如果你能够很好地控制运动姿势，其余的问题应该是相当容易解决。

从胸部和肩部开始，肩关节应该轻轻向后拉，并微微下垂。这个姿势不应用力，而是轻轻回缩打开胸腔并放松肩和颈部上方肌肉。为了帮助达到以上肩部姿势，经常进行以下两个练习作为核心练习的一部分。

摊手姿势

摊手姿势

中立位核心姿势坐下或站立，双手抓住或缠绕一个低阻弹力带，你的拇指应该朝上或向外。现在，双手向两侧分开时，轻微夹紧肩胛骨，想象动作的发力点是肩而不是手臂。当双手分开时，进行 3 次放松的腹式呼吸，然后双手返回。以上活动需完成 3 组，每组重复 3–5 次，同时每次动作持续 3 次呼吸，这作为核心常规练习的准备活动。

Y 形滑墙

面向墙站立。像跑步时一样，错开双腿，使一条腿在另一条腿前面。把核心置于中立位置，并保持。现在，将你的前臂和双手放在墙上，拇指朝向你，以“Y”的姿势在墙上滑动双臂，尽量使双臂向两侧展开。注意在向上滑动的同时保持双肩下垂并稍微向后。如果你的肩开始向上耸起，手臂停止滑动。完成 3 组，每组 3–5 次重复，每次重复中进行 3 次呼吸。如果你已经可以很好地控制这个动作，那么当你的手臂抬到最高点时，双手轻轻离开墙壁。你也可以通过在手上套上轻阻弹力带并完成相同的动作来使这个练习变得更具挑战性。

Y 形滑墙

现在，你的肩关节处于正确的位置，让我们探讨一下链条上游。你的头应该和你的眼睛一致面向前方。如果你正在做纵向练习，比如跪着或者站立，那么假装你的头顶有一本不希望掉下来的书。最后，站立时，你的体重应平均分布在脚掌前后之间。大多数人站立时往往脚跟处负重过多，这并不能很好地通过脚来控制你的重心。通过调整正确的姿势，你的身体会很好地居中，这将有助于获得最佳的稳定性。

在阅读下面三章时，请牢记本章的练习参数，这些材料将作为你将要完成的许多练习的基础。保证练习质量，你将最大限度受益于你锻炼核心所花的时间。现在，我们来看一看核心特定的柔韧性和灵活性。

第七章 核心特定的灵活性和柔韧性练习

让我猜测一下：你看到“柔韧性”这个词后就跳过了本章。我明白，包括我自己在内的跑步者都不喜欢这个东西。花费任何跑步之外的宝贵时间都是不值得的，对吧？好吧，我们来换个角度看一下这个问题。如果我们都花费多一点的时间在柔韧性和灵活性上，那么我们在下周能多跑一英里甚至多出一天呢，这会值得吗？如果这可以让你免于受伤呢？这是很难反驳的。

我所治疗的大多数跑步者都没有将时间花在健康跑步所需的柔韧性练习和其他必要的训练上。这有点滑稽，有很多来到诊所的跑者说：“我知道我应该做得更多，但是我做不到。”那么，现在是时候优先考虑跑步的训练情况了，特别是如果自我评估时你的柔韧性和灵活性测试得分低。无论如何，这一章对于核心维护是至关重要的。

柔韧性被定义为关节引起弯曲运动或活动时肌肉或肌肉群的伸展，也可以理解为你的肌肉可以拉伸到多长。另一方面，灵活性是移动自如的能力，这与肌肉的柔软程度相关。柔韧性和灵活性相结合创造了行动自由。你的组织越是能够轻松活动，活动的质量就越高。对于跑步者来说，灵活性是最好的基础，没有灵活性，力量就什么也不是。

想像象一团橡皮泥。首先把它从容器里拿出来，感觉就像一块石头。即使你很强壮，橡皮泥也不会被轻易拉断，如果它发生了，它会很快被拉到最大长度，断成两半。但是，如果橡皮泥在你手中玩几分钟，它会变暖和变软。这时用很小的力量你便可以轻易拉长橡皮泥，并且能够在被拉断之前将其拉得很长。

橡皮泥就像你身体里的软组织一样，它们也有可以拉伸的最大长度。这个长度是可以增加的，但是需要一些时间。你需要关注软组织的灵活性、柔韧性和姿势。姿势与柔韧性之间有很大关联，想象整天屈髋坐在椅子上，你的屈髋肌会变得紧张。如果你仅拉伸几分钟，会有帮助吗？如果你每天仅花几分钟时间进行拉伸，但随后数小时均处于肌肉收缩的姿势或位置，那么，提高柔韧性的可能性就不可能出现。我们将在第十章中更多关注姿势内容。首先，我们来探讨如何进行核心特定的软组织灵活性和柔韧性练习。

软组织灵活性

你可以通过软组织灵活性的自我管理，又称肌筋膜放松术（MFR）来改善整体灵活性和自由活动能力。MFR 旨在改善组织的温度和整体灵活性，类似于上面的“橡皮泥”。跑步前和跑步后进行软组织灵活性练习是最佳选择。

MFR 的操作非常简单，只需用手、一个小球如网球或曲棍球、一个按摩棒，或者一个泡沫轴。根据你要放松的区域选择工具。先对组织施加压力，然后进行多向按摩。MFR 需要不断的自我评估。首先，以更大的有力的动作进行自我按摩，同时密切关注更紧张或更痛苦的区域。整体按摩一次后，重点关注那些有更多反应的点，这些点滚压后软组织会放松。在针对每个局部的点进行放松之后，再以更大的有力的动作进行几次，最后结束。

练习的时长取决于身体紧张的程度，时长可以每天变化。例如，你可能会发现在早晨或间歇练习后的第二天身体会更紧张。我建议在跑步之前，在长跑之后，在更艰苦的练习之后，在提高跑步距离期间，或在全力比赛时，对以下每个部位进行 30 秒检查。这个过程应该只需要几分钟。如果你有问题点或明显肌肉紧张的历史，应该针对该部位额外练习 30 秒。按此计划，经过几次处理之后，你可以确定需要定期关注的部位，以及可以从例行处理中移除的区域。

练习计划：

内收肌

泡沫轴滚动最适合放松内收肌。如果需要集中更大的压力，你也可以选择按摩棒或球。侧躺，将计划滚动的腿放在泡沫轴上。用手臂和小腿帮助引导移动，以完成从腹股沟内侧至膝关节内上方的上下运动。

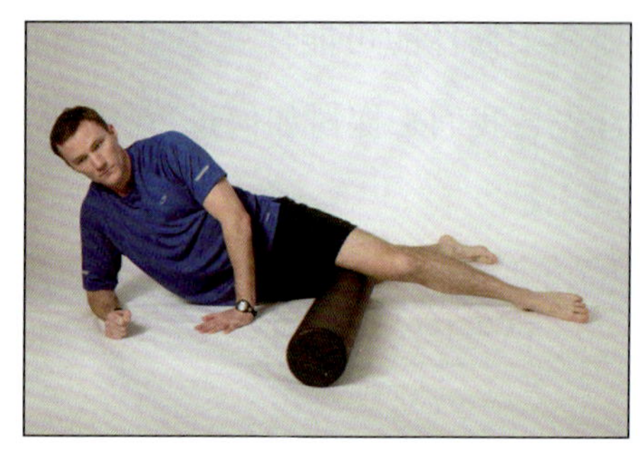

内收肌泡沫轴滚动练习

屈髋肌

首先使用曲棍球进行该肌肉放松。如果感觉压力太大，可以更换一个更大的球，如垒球，或者比垒球更软的球，如网球。 如果压力过大，可以在肌肉下端使用泡沫轴。平趴，把球放在髋部正

屈髋肌球滚动练习

面的股骨小转子，上下滚动，保持球靠近骨骼。将球放在股骨小转子下方，并使其缓缓陷入股骨内侧，你将能够更好地按压滚动肌肉的下方附着点。

股四头肌

泡沫轴效果最好。平趴，把双腿放在泡沫轴上。从髋部正下方到膝关节顶部上下滚动。请记住股四头肌是一块大肌肉，因此，大腿的外侧、中间和内侧前部的滚动是必要的。只要压力足够，可以同时在两条腿上进行操作。如果压力不够，一次可以仅放松一条腿。你也可以使用更坚固的泡沫轴或按摩棒。

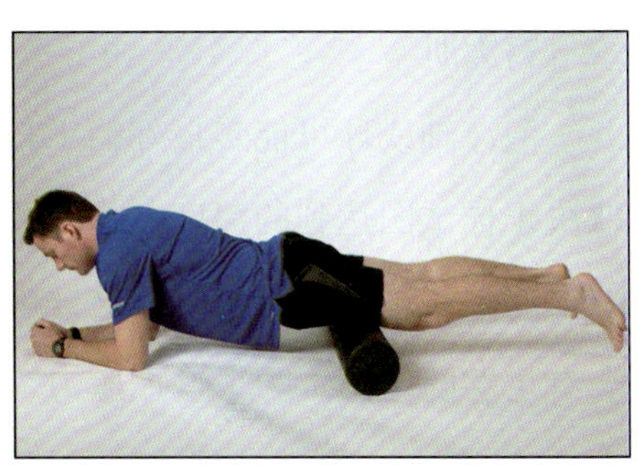

股四头肌泡沫轴滚动练习

阔筋膜张肌（TFL）/髂胫束（IT束）

每个人的最爱：恐怖的IT束。由于肌腹较短，肌腱较长，因此软组织灵活性练习通常比拉伸更有效，泡沫轴效果最好。首先关注TFL，俯卧，身体轻微向外转动，从髂前上棘到股骨大转子上下滚动泡沫轴。然后，侧躺，同时将下面的腿放在泡沫轴上，滚动IT束，从股骨大转子到膝关节顶部上下滚动。

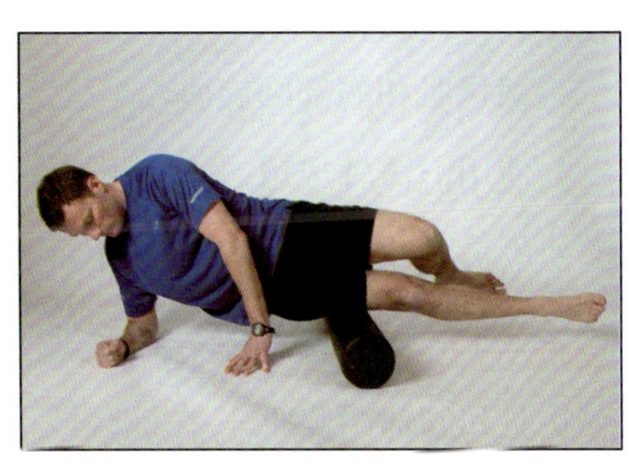

IT束泡沫轴滚动练习

臀中肌及髋部外侧

使用泡沫轴。侧躺，将需要滚动放松的腿放在下面，将泡沫轴放在股骨大

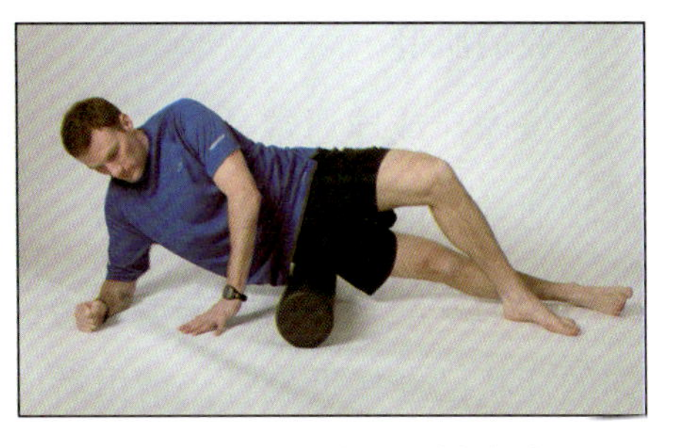

臀中肌和髋部外侧的泡沫轴滚动练习

转子和髂嵴之间。上面的腿交叉，脚平放在地上以帮助引导运动方向。在股骨大转子和髂嵴顶部之间进行小范围的上下滚动。

臀大肌

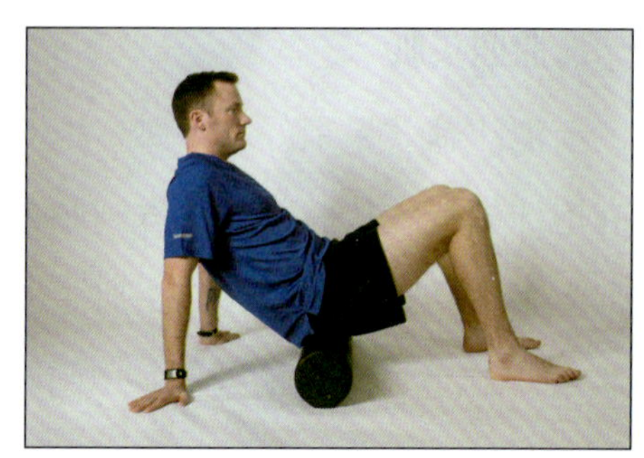
臀大肌泡沫轴滚动练习

泡沫轴或球可能是最好的工具，这取决于你试图达到的深度。首先两侧臀部坐在泡沫轴上进行滚动，这样可能不会有足够的压力。为了增加压力，将你的体重转移到一侧，一次滚动一侧臀部。从坐骨到臀部上方上下滚动。为了增加压力，请屈曲膝关节向上抬起或使用球代替泡沫轴。

梨状肌和髋部回旋肌

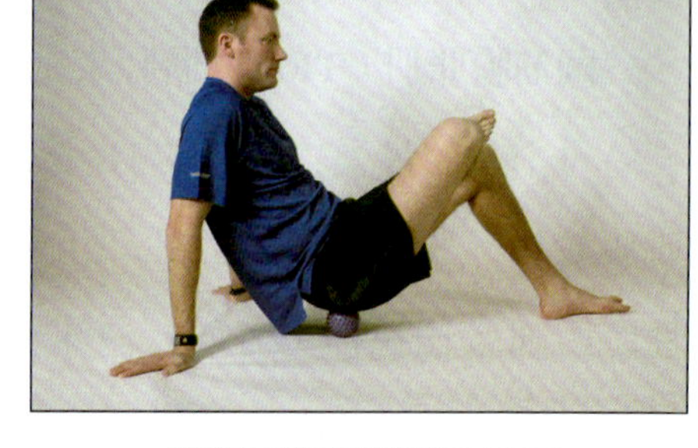
髋部回旋肌球滚动练习

使用泡沫轴或球。以与臀大肌练习类似的方式坐下，一条腿搭在对侧腿的膝关节上，腿交叉的姿势将有助于暴露梨状肌和髋部回旋肌。在该区域上下和左右滚动。

股后肌群

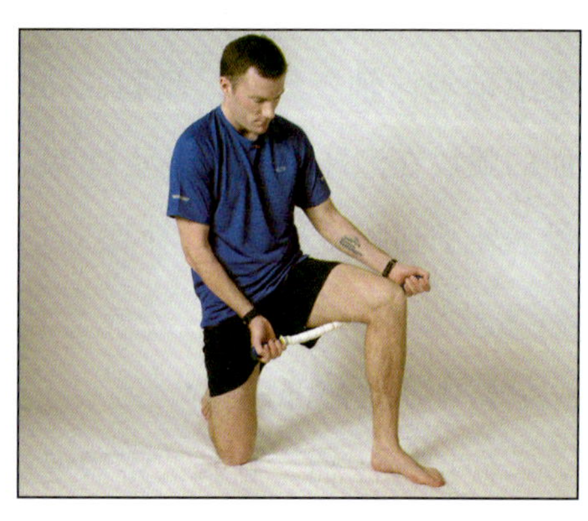
股后肌群按摩棒滚动练习

按摩棒或球通常是最好的工具，泡沫轴通常不能提供足够的压力。从膝关节后侧上方到坐骨之间上下滚动。如果你的症状已经接近坐骨，请由后向前按压。如需达到适当的深度可以使用球。

腰部软组织

使用泡沫轴完成腰部脊柱两侧软组织的练习。把你的重心转移到一侧进行腰部放松，从髋嵴到肋骨下缘上下滚动。把你正在按摩的一侧手臂举过头将有助于暴露该区域组织，左右分别单独放松。如果压力太大，你也可以采取站立姿势，即后背靠在墙上，将泡沫轴放在后背和墙之间。

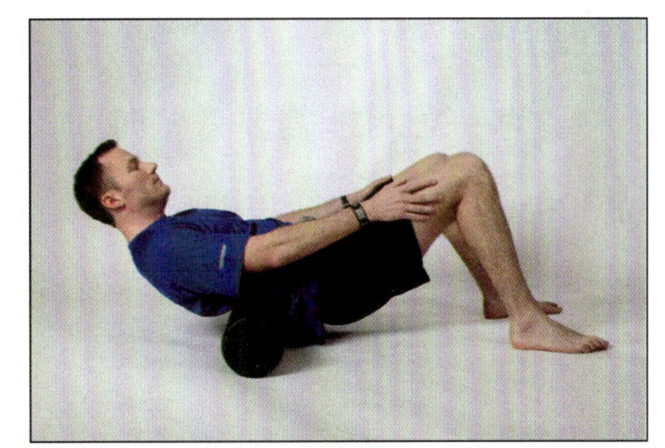

腰部泡沫轴滚动练习

胸椎

最好使用泡沫轴。平躺，泡沫轴水平放置于胸椎或背部，手臂交叉放在胸前以分开肩胛骨，将背部拱起轻轻地上下滚动泡沫轴。为了增加压力，可以将两个网球粘在一起制成花生形物体，采用与泡沫轴相同的方式滚动。

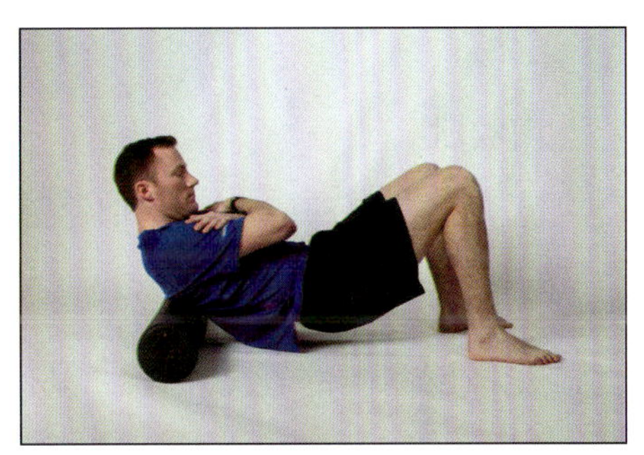

胸椎泡沫轴滚动练习

静态拉伸

静态拉伸指的是肌肉摆放于某一位置进行持续一段时间的拉伸，这是大多数人最常见的一种拉伸方式。静态拉伸与 MFR 不同，因为它在跑步前没有多少作用。长时间拉伸有助于肌肉伸长，然而并不能让肌肉升温。

不幸的是，这种静态拉伸对组织的延长并不像大多数人想象的那样容易或快速，持续 1 分钟的拉伸似乎可能不会起到什么效果。应该在跑步后以及在每周不跑步的时候完成大部分静态拉伸。如果你决定在跑步时进行拉伸，请先热身。如果先跑步 10 分钟，然后再拉伸目标区域组织，那么拉伸的效果将会更好。

这些练习可能需要一些时间，但会使你获得长期收益。每个拉伸动作维持 30–60 秒。先从简单的拉伸开始，然后循序渐进，在最受限的部位重复 2–3 次。让这些练习成为你日常工作生活的一部分，可以在刷牙、打电话或者看电视的时候完成这些拉伸。

请记住，每一个部位的拉伸可以有很多方法完成。拉伸效果因人而异，取决于不同姿势的选择。我已经为大多数跑步者选择了最好的拉伸动作姿势，并且这些姿势可以轻易融入日常活动。如果你采用站立姿势进行拉伸，那么你便可以挤出更多时间去做。

站立姿势下的内收肌拉伸

内收肌

站立，双脚分开。完成类似弓箭步的姿势，一侧膝关节弯曲，同时注意保持另一条腿伸直，并将该侧髋部轻微下沉。保持下段脊柱中立位弯曲。在伸直大腿的内侧应该有拉伸的感觉。

后背持棍姿势下髂腰肌拉伸

髂腰肌

单膝跪在地上（可以在膝盖下垫上枕头保持舒适），对侧膝关节向前弯曲 90°，脚平放于地面。后脚趾弯曲蹬地，这样你的脚是垂直的。下一步是实现最佳姿势的关键，调整骨盆倾斜程度，使下背部处于中立位置，做这个动作时想象一下呼吸姿势，收紧臀部和腹部也将有所帮助。保持躯干直立姿势的同时向前移动髋部，跪地一侧的髋关节前面应该有拉伸感觉。大腿也可能有拉伸的感觉，你的背部不应该感到不舒服。如果不舒服的话，向前移动时，更多的注意髋部的位置。 双手握住棍子两头，将其竖直放在背后有助于保持正确姿势。当你向前移动时，注意保持棍子和背部之间的距离。

股直肌 / 髂腰肌

背向椅子站立，一腿在后，屈膝把脚放在椅子上。 使脊柱处于中立姿势，就像在前面的屈髋肌拉伸所采取的姿势一样。向前移动髋部，屈曲支撑腿膝关节使髋部缓慢下移。后侧腿的髋部和大腿前侧应该有拉伸的感觉。如果没有感受到拉伸，你可能需要比椅子更高的物体，如桌子或长凳靠背。

站立姿势下的股直肌 / 髂腰肌拉伸

阔筋膜张肌 / 髂胫束——站立香蕉式

如软组织灵活性部分所述，IT 束可以通过肌筋膜放松术（MFR）得到更好的放松。这个拉伸只针对 TFL 部分，因此，髋部前外侧应该感觉到拉伸。双腿交叉站立，拉伸腿在后面，脚向内旋转。将与拉伸腿同侧的手臂举过头顶并尽力向未拉伸一侧运动，同时髋部侧向移动。需注意将重心保持在被拉伸的一侧。

TFL/IT 束的站立香蕉式拉伸

股后肌群——触摸脚趾

单腿站立，另一条腿放在其前方一脚掌距离。前面的腿绷紧，并向上翘起脚。从髋部倾斜身体，双手向下触摸脚趾，确保背部挺直，没有拱背。更重要的是你的背部保持平坦，不要为了能摸到脚趾而弯曲。

股后肌群触摸脚趾姿势下拉伸

触摸脚趾的另一个方法是股后肌群主动上踢。要做到这一点需要平躺，抬起一条腿，双手环抱抬起腿的膝关节后部，对侧腿在地上保持平放。现在，伸直抬起腿的膝关节，直到股后肌群感觉到拉伸。由于这个拉伸是主动的，所以不必遵循正常静态拉伸的保持时间和重复次数。相反，保持 10 秒，每侧重复 10 次。

臀大肌及臀中肌

平躺。把一侧膝关节拉向胸部，对侧腿伸直放在地面上。这样可以单独拉伸弯曲一侧的臀大肌，这意味着你应该在你的臀部感觉到拉伸。为了使臀中肌获得更好的拉伸，应保持髋部和膝关节屈曲，同时将腿拉向身体对侧。你应该在髋部外侧感受到拉伸，但在臀部也有拉伸感觉。

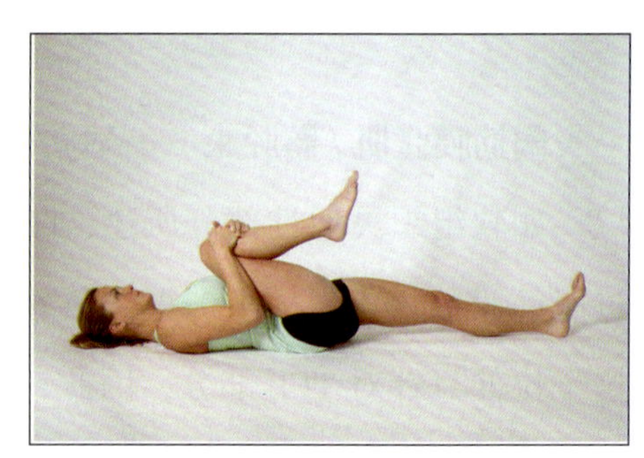

臀大肌拉伸

梨状肌及髋部回旋肌——改良鸽式

可以在站立或趴下的姿势下完成这个动作。对于站立姿势，外旋抬腿，膝关节屈曲，然后将此腿横放在桌面上。现在，向前倾斜身体，将对侧肩部转向前方的膝关节。臀部深处应该可以感觉到拉伸。如果没有感觉，平趴的姿势可能会更好，因为这种姿势可以进行更深处的拉伸。平趴，一条腿弯曲并旋转置于身下，对侧腿在身后伸直，对侧肩向下靠近弯曲的膝关节，直到感觉到了拉伸。

梨状肌及髋部回旋肌的鸽式拉伸

胸椎旋转

侧卧，上方膝关节屈曲，向前抬腿超过髋关节。将上方的腿放在泡沫轴上或实心球顶部，使其抬高地面。用与地面接触一侧的手稳住这个屈曲的膝关节。现在肩部向后带动上面的手臂向后旋转，注意尽量移动肩部，背部有拉伸感觉时停下来。此时，进行多次呼吸，重点是在每次呼气时稍微加大旋转角度。

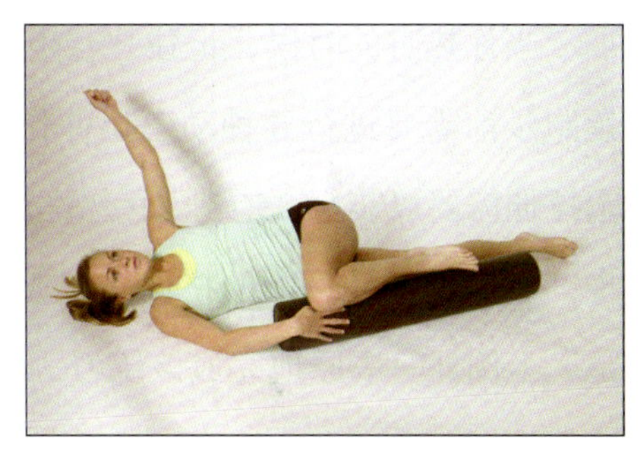

使用泡沫轴进行的胸椎旋转拉伸

腰椎和胸椎——婴儿姿势

双膝跪地，坐在脚后跟上。如果膝关节不适，可以在脚后跟上放一个枕头或者卷起的毛巾，坐在上面尽量保持膝关节屈曲。前倾，手臂平放在面前的地面上，让臀部坐在你的脚后跟或枕头上。进行多次呼吸，在每次呼气时将肩部压

腰椎和胸椎婴儿姿势下的拉伸

向地面，并尽力向前伸展，还要屈曲骨盆并弓起腰部。

动态拉伸

这些是需要活动的拉伸，这些拉伸需要持续 5 秒钟或更短，其作用是增加血流量以及软组织灵活性。跑步前可以进行动态拉伸。如果在间歇期间休息或在跑步中出现肌肉紧张，也可以在跑步期间进行拉伸。把这些想象成热身或肌肉准备练习，以获得短期收益，动态拉伸的目的不是长期增加肌肉的柔韧性。要特别注意你身体的整体控制，重视核心控制和平衡性练习的质量可以让你获得更多收益。

当你热身的时候，记住“行走 25 英尺的 8 种动态拉伸”。这意味着在开始跑步前需要进行 8 种动态拉伸作为动态核心热身。除了摆腿之外，每个动态拉伸需要以步行 25 英尺距离的方式完成。例如，进行一侧的拉伸，迈出一步，然后进行另一侧的拉伸。完成一个循环后，进入下一个拉伸动作。摆腿是一个例外——原地完成该练习，进行 25 次重复。

最伟大拉伸——屈髋肌、臀部、脊柱 (World's Greatest Stretch—Hip Flexor, Glute, Spine)

最伟大拉伸

站立时，向前跨出一大步，同时保持双脚向前。放低髋部靠近地面，把双手放在前脚的内侧。抬起最靠近前脚一侧的手，同时伸展手臂旋转躯干。后腿髋部前方应该有拉伸的感觉，前腿臀部和股后肌群以及背部也应该有拉伸的感觉。保持这个姿势 3–5 秒，然后站起来，换另一侧重复。为了进行强度更大的拉伸，可以在动作中加入小腿拉伸，方法是当你迈出第一步的时候，保持脚后跟着地，之后，继续完成其余的动作。

站位超人姿势——股四头肌、髋屈肌、股后肌群 (Standing Superman Reach—Quad, Hip Flexor, Hamstring)

站位超人姿势拉伸

站立时，一侧膝关节屈曲，同时抓住身后的脚。保持脊柱中立的同时，轻轻向后拉这条腿，髋部和大腿前侧会开始出现拉伸的感觉。 现在从髋部向前弯曲，同时对侧手臂向前伸展。支撑腿的股后肌群开始出现拉伸的感觉。保持这个姿势 3-5 秒钟，站起来，向前走一步，换另一侧重复。

摇篮抱腿——臀部、髋部回旋肌 (Cross-Body Knee Grab—Glute, Hip Rotators)

摇篮抱腿拉伸

站立时，屈膝，向前抬起，然后用对侧手抓住脚踝，另一只手放在膝关节外侧。抬起腿，将其斜跨在身前。双手把膝关节向对侧肩部靠近，髋部外侧和臀部区域应该有拉伸的感觉。保持 3-5 秒钟，然后向前一步，换另一侧重复。

抱膝动作——臀部、屈髋肌 (Knee to Chest—Glute, Hip Flexor)

抱膝拉伸

站立时，将一侧膝关节抱至胸前并保持 3-5 秒钟，臀部应该有拉伸的感觉。这一侧放松，并向前迈进一步，换另一侧重复。如果能够很好控制，可以通过每行走一步稍抬高脚后跟来增加一个平衡动作。

直腿行军步（Frankensteins）——股后肌群（Frankensteins—Hamstring）

站立，一条腿绷直前踢，另一侧的手尽量前伸，试着让你的手和脚落在身体中线。保持躯干直立，如果手脚不能互相接触也无需担心。在向前走的时候，交换另一侧进行踢腿。这些均应慢慢进行，每次重复都要将腿在抬起位置保持1秒钟。股后肌群感觉轻度紧张。

直腿行军步拉伸

交替触摸脚趾——股后肌群、小腿、脊柱（Alternating Toe Touches—Hamstring, Calf, Spine）

一条腿向前迈出12英寸（1英寸=2.54厘米，12英寸=30.48厘米），脚跟着地，脚掌尽量上翘。膝关节保持伸直，从髋部下弯，尽力用对侧的手触摸脚趾，如果可以的话，抓住它们，确保背部保持平坦并且腰椎不会出现弓起。前腿后侧应该有拉伸的感觉，保持这个姿势3–5秒钟，站起来，迈出一步，然后换另一侧重复。可以加入脊柱旋转拉伸，通过将前腿一侧的手伸向天花板，使手臂带动躯干一起旋转。

交替触摸脚趾拉伸

向前 / 向后摆腿——股后肌群，髋部（Leg Swings Forward/Backward—Hamstring, Hip）

向前 / 向后摆腿开始时的位置

向前 / 向后摆腿结束时的位置

靠近并抓住能够能使你保持平衡的东西站住。支撑腿膝关节微屈，对侧腿进行前后摆动，确保核心可控，只允许在髋部和下背部做最小运动。每次摆动时，髋部和腿部的前后侧都应该感到轻微的拉伸。从较小的幅度摆动开始，随着时间循序渐进增加幅度，每侧重复 25 次。

侧摆腿——外展肌 / 内收肌（Leg Swings Sideways—Abductors/Adductors）

侧摆腿开始时的位置

侧摆腿结束时的位置

靠近并抓住能够使你保持平衡的东西站立。支撑腿膝关节微屈，对侧腿在身前左右摆动。在此期间保持核心参与，但允许在髋部和脊柱发生旋转。每次摆动时，大腿内侧和髋部外侧有轻微的拉伸感觉。同样，从较小的摆动幅度开始，随时间循序渐进增加幅度，每侧重复 25 次。

请记住，每个人的练习计划都应该根据其需求量身定制。如果发现需要重点关注的肌肉，那么应该将其放在更高的优先级。不紧张的部位应该在练习名单靠后，不用经常检查。

现在，让我们看看核心稳定性和核心力量练习。

第八章 核心稳定性和核心力量练习

当你想到核心力量时，脑海中的第一个练习是什么？是仰卧起坐？多年来，这些已经成为学校体育课、军事训练和许多健身课程的主要内容。这真的是一个有益的练习吗？

想一想做仰卧起坐时会发生什么：你的腹部肌肉收缩，使腹部区域弯曲，从而使你向前弯曲，并伴随腰部弓起。现在，想想跑步。在跑步中你会经常这样弯腰吗？永远不会。而且，这个动作甚至不是跑步的一部分，为什么要练习它呢？仰卧起坐有助于提高孤立区域的力量，但这不是跑步者特有的。回想一下第 2 章中关于跑步时核心在做什么的讨论，大多数情况下，通过髋部活动和核心的其余部分保持稳定。

那么，核心的稳定性和核心力量之间有什么区别呢？这些术语通常可以互换使用，但重要的是要认识到它们的不同。力量是指能够产生一个给定的力量的能力，而稳定性则是指控制这些力量的能力。想想在健身房举重，你可以轻松地使用器械进行 200 磅的卧推，但是你可能无法做到卧推 2 个 100 磅重的哑铃。你的力量可以卧推 200 磅，但你可能没有能力稳定并控制这个重量，这使得单侧的重量更难稳定。对于跑步者来说，力量对于核心基础来说是非常重要的，但是在跑步时它确实表现为稳定。

一名跑步者走进我的诊所，说他的臀部正在“冬眠”。我喜欢这个描述，因为这对我们很多人来说是相当准确的。许多跑步者做了大量关于臀部、髋部和核心的练习，但是他们的跑步姿势和疼痛程度却没有改变。那是因为力量练习与运动无关。如果有些东西在“冬眠”，当你正在练习时，力量锻炼会在短时间内将其唤醒，但是之后它又会马上进入“冬眠”状态。为了看到改善，你需要唤醒肌肉，然后使用它。首先，你要激活肌肉，然后增加其力量，最后通过稳定性或运动来使用它。这个多步骤的过程不仅是增加力量的关键，也是未来几年保持高水平的关键。

本章将介绍针对跑步者的核心力量和稳定性练习。每个练习都有从初级（B）到中级（I）、高级（A）和专业级（E）四个等级的划分。在每个练习中密切关注技术，姿势比持续时间或重复次数更重要。请参阅第 6 章有关呼吸和姿势的讨论。如果你关注练习的质量，那么你将从每个练习中获得最大的收益。

从每个练习的“初级”姿势开始，根据你的能力来完成你的适合等级练习。同样，从较低的组数和重复次数开始，循序渐进。当你可以用更高的组数和重复次数进行练习时，考虑通过增加阻力来挑战自己，或者进行下一个练习。根据第五章第三部分（核心稳定部分）的评分，你可能会发现你需要花更多的时间在初级水平的练习上，或者更快进阶。

在本章中，我们将着重讨论用极少器械的情况下在家中进行核心练习。你将需要一个可以打结成一个圈并形成不同阻力的弹力带。如果你确实需要购买弹力带，那么应留意包装上不同的弹力水平，这样你便可以随着力量的加强使用更大的阻力。你还需要一个没有打结的更长的弹力带，这些弹力带都有可能带柄，但并不是必需的，你可以使用一个扁长的或管状的弹力带。

一些练习还需要一套轻重量哑铃，一个健身实心球，一个瑞士球和一个壶铃。不要急于购买每件器材——你可以发挥想象自己创造，比如用一个装满水的瓶子来模仿哑铃，或者将里面放了一些石头的小杂货袋当做壶铃。当你开始练习时，你会发现哪些设备和负荷对你的日常练习最有效。

脱下鞋子做这些练习，这样你就可以直接地感受你的双脚在做什么。赤脚在地面上进行练习时，尽可能地展开脚趾，并将脚垫压住地面。通过激活脚和小腿，整体稳定性和地面对身体的反馈将得到改善。现在，让我们来改善核心稳定性和核心力量吧。

核心力量练习

蚌壳式进阶（Clamshell Progression）：

标准的蚌壳式练习侧重于加强髋部外旋肌的力量。 进行相反的动作或反向蚌壳式练习，可以单独加强髋部的内旋肌的力量。 完成二到四组，每组 20–25 次重复，在耐受范围内增加弹力带的强度。 如果你无法控制动作，开始时可以不加任何阻力，在取得进步后再使用弹力带。 这些练习应该能使你感受到髋部外侧深处及臀部的力量得到加强了。

蚌壳式（Clamshell）（B）

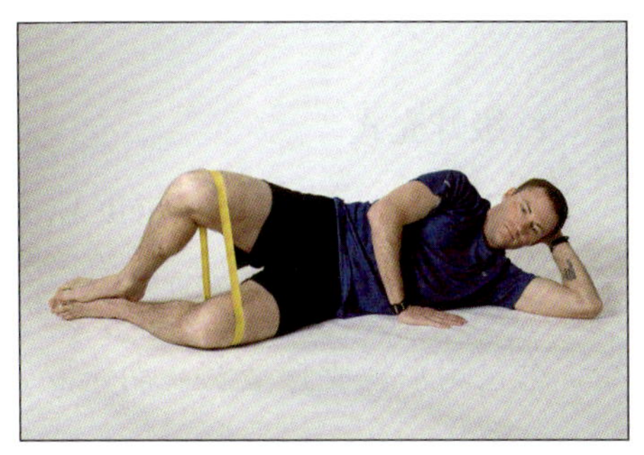

蚌壳式

将弹力带套在两个膝关节上方，侧躺。膝关节屈曲约 90°，膝关节放置于髋关节前方。身体上方的手按压地面，让你的核心收紧。现在，双脚并拢的前提下打开膝关节，完成蚌壳运动。收缩髋部和臀部外侧肌肉。缓慢地进行此操作，髋部上方保持原位并轻微向前滚动。

反蚌壳式（Reverse Clamshell）（B）

在其他肌肉提供稳定性和力量的情况下，反蚌壳式更侧重于练习髋关节的内旋肌群。起始姿势与蚌壳式相同，这一次弹力带应套在两个脚踝上。抬起上面的脚，同时膝关节和髋部保持原位不动。

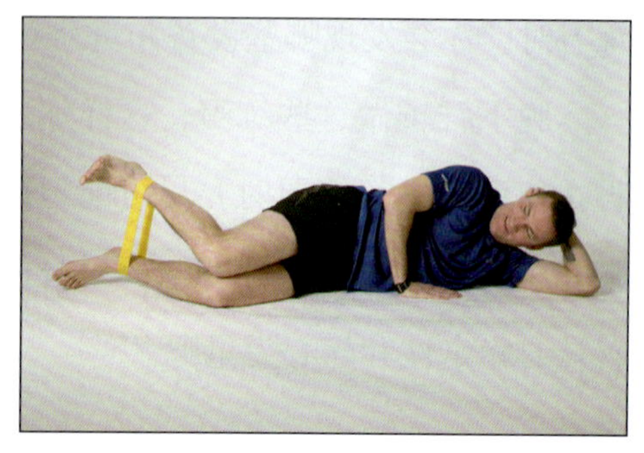

反蚌壳式

超级蚌壳式（Super Clamshell）（A）

以与蚌壳式类似的姿势开始，膝关节屈曲 90°，髋部抬起，使膝关节的水平位置比髋部低一点。使用肘和膝做侧平板支撑动作，上方的手尽量向天花板上伸并保持这个姿势。确保核心已经参与其中，并以这个姿势缓慢地进行蚌壳运动。

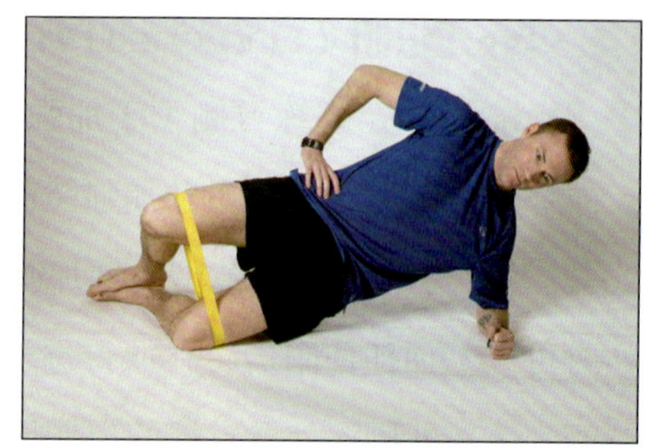

超级蚌壳式

终级蚌壳式（Super Duper Clamshell）（E）

以与超级蚌壳式类似的姿势开始，建立侧平板支撑姿势。动作要领：两膝及髋部抬起离开地面，用脚和前臂支撑身体。通过打开双腿完成蚌壳

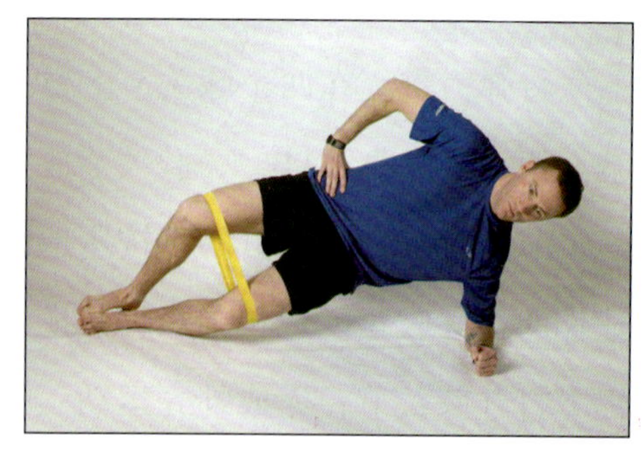

终级蚌壳式

式运动，即上方的腿向上，下方的腿向下。

弹力带行走（Resistance-Band Walks）：

弹力带行走是加强髋部肌肉及核心控制的绝佳方式。专注于在第六章中学到的中立位核心姿势，确保未遗忘稳定性部分。完成 2–4 组练习，每组走 20 英尺（1 英尺 =0.3048 米，20 英尺 =6.096 米）的距离。如果感觉轻松，可以增加弹力带的强度。你也可以通过将弹力带从膝关节移动到脚踝，以及套在脚上（交叉步行走除外）增加难度和肌肉激活程度。

弹力带侧向行走

弹力带侧向行走（Sideways Walk）（B）

套上弹力带站立，双膝弯曲，微蹲，臀部轻微向后伸，核心中立位的前提下保持这个姿势。进行 8–12 英寸小的侧步行走，期间始终保持弹力带张力。应该在脚和膝关节指向前方的基础上慢慢地完成该动作。行走一条腿引导动作练习后反方向另一条腿引导动作练习。

弹力带怪兽行走

怪兽行走（Monster Walk）（I）

与弹力带侧向行走相同的姿势，面向前方，并且保持双脚在一起。向侧前方迈出一步，后侧腿在原地短暂保持不动，然后后腿向另一侧侧前方迈出一步。在保持弹力带张力的同时两腿缓慢交替行走。先向前行走，然后再向后行走。

“火车轨道”复古式行走(Retro Walk “Train Tracks”)（I）

这个练习也可以用上面的姿势进行，但是最初双脚之间的距离需要比肩宽，并始终保持这种宽位站姿。以稳健步伐快速向后小步走，想象你的脚站在火车轨道上，这样它们可以保持更宽的宽度，并保持直线移动。

弹力带“火车轨道”复古式行走

交叉步行走（Tandem Walk）（A）

进行这个练习时，保持膝关节近乎伸直，但不要锁死。请记住，可以将弹力带套在膝关节或脚踝上进行更有挑战性的练习，但不要把它套在你的脚上进行练习。一只脚向前迈出落在另一只脚的正前方，在地面上像走钢丝一样沿着直线行走。每一步都需要让迈出去的腿围绕支撑腿做圆周运动，从而使弹力带保持拉紧状态。确保你的核心收紧，并且能够控制自己的平衡。先前进，然后后退。

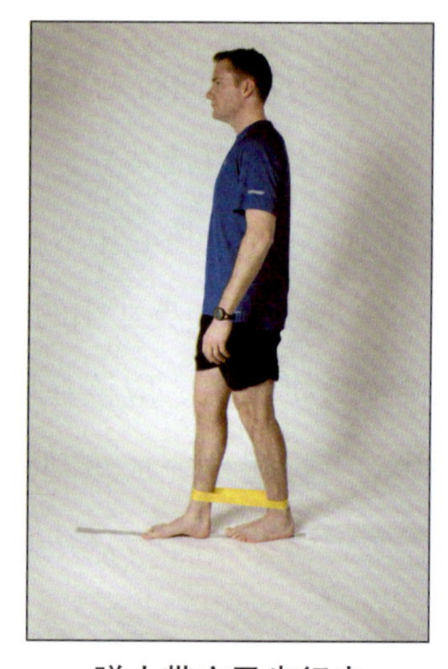

弹力带交叉步行走

抬/踢腿（Leg Raises/Kicks）:

可以在平躺，侧躺及俯卧姿势下完成直腿抬高动作，从而单独训练髋部各侧的肌肉。保持核心参与其中，通过收紧大腿以及轻微向后绷紧保持腿部平直。完成 2–4 组，每组 15–25 次重复，在可承受的范围内增加脚踝的负荷来增加练习强度。这些练习也可以在被称为“汽船式”的站立姿势下进行。为此，通过将弹力带绑在靠近地面的固定物体上增加阻力。同样完成 2–4 组，每组 15–25 次重复。

三方向抬腿（Three–Way Leg Raises）（B）

可以在两侧侧卧及平躺姿势下完成三种方向抬腿。大腿应该保持收紧，膝关节伸直，脚指向躯干面对的方向。将腿抬起离开地面一尺，然后慢慢放下。对于侧卧位抬腿，上面的手应按住地面以帮助核心激活。在平躺抬腿过程中，双臂应向下按压。

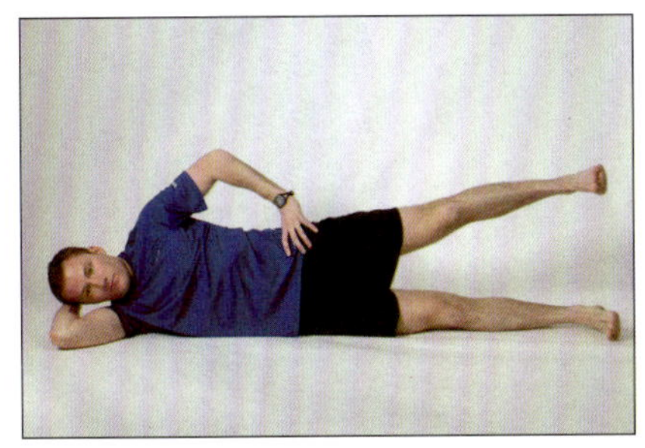

侧卧外展抬腿

前屈抬腿

内收抬腿

后抬腿（Donkey Kick）（B）

后抬腿是第四种抬腿的方向，单独训练臀大肌。趴着，双手和双膝着地，收紧核心。将膝关节屈曲 90°，向身后抬起需要练习的腿。把脚推向天花板，同时通过挤压臀部保持脚踝呈 90° 屈曲，然后缓慢

后抬腿

放下。抬腿时不要弓背，保持头部放松，并与躯干呈一条直线。

"汽船式"站立四种方向抬腿(Four-Way Standing Leg Raise "Steamboats")（I）

这四个练习将以站立姿势进行，你将在四个不同的方向进行抬腿动作：

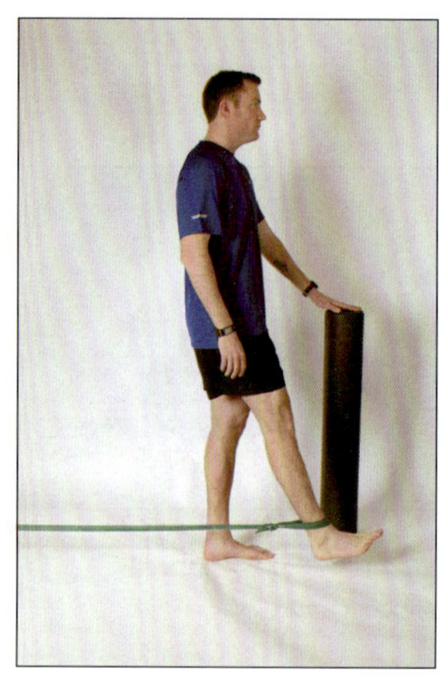

前屈动作

内收动作

后伸动作

外展动作

向前侧，向内侧交叉过身体，向后侧，以及向外侧。把弹力带绑在一条腿上，弹力带的另一头牢固地绑在一张桌子的腿上。第一种姿势是背对桌子，膝关节稍微弯曲的状态下用另一条腿保持平衡。将弹力带拉伸至你面前约一英尺的地方，然后慢慢返回起始位置。在完成一组之后，身体向左或向右旋转 1/4 周，然后在弹力带阻力的反方向抬腿。完成后继续旋转 1/4 周，直到在四个方向拉动了弹力带。你可以以较慢的速度完成更少的重复，也可以尝试以较快的节奏完成更多的重复。

侧卧跑步者（Side-Lying Runner）（I）

这是一个产生额外效果的练习。它练习时与侧卧抬腿及站立外展抬腿两个动作相似。我个人喜欢这个动作，因为这个动作与实际跑步相似，可以锻炼髋部外侧。采取侧卧姿势，收紧核心（上面的手放在地上会有所帮助）。上方腿进行循环跑步运动，确保你的腿平行于地面，不会下落。

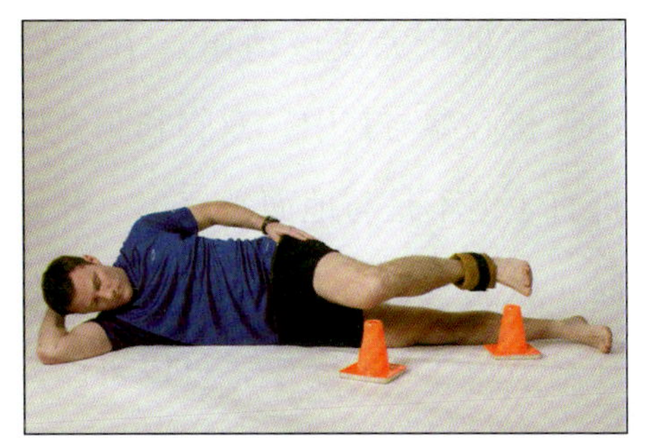

侧卧跑步者

下蹲进阶（Squat Progression）：

因为跑步是单腿下蹲的连续重复，所以对跑步者来说下蹲是必不可少的动作。下蹲可以加强股四头肌和臀肌力量。密切注意脚和膝关节的力线方向——脚和膝应该指向前方，就像跑步时一样。许多跑步者有下蹲时膝关节内扣的倾向，这不是好的姿势。此外，确保骨盆和腰椎处于中立位姿势。如果你需要对这个姿势进行复习，请参阅第六章。完成 2–3 组，每组重复 10–15 次。通过增加重量来增加强度。将弹力带绑在膝关节上，保持其张力，这将有助于进一步提高核心稳定性，以及避免膝关节内扣。你也可以在不平坦的表面上，像踩在一个小垫子上，用单腿下蹲挑战自己。

持杆帮助脊柱对位的双腿下蹲

双腿下蹲（Two-Leg）（B）

双脚间距比肩宽站立，双脚指向前。像将要坐在椅子上一样，臀部向后落下，开始下蹲动作。让你的膝向前移动，但不要超过脚尖，保持头和胸直立，下蹲时把双手放在胸前有助于完成该动作。在运动过程中，确保核心参与其中，双脚和膝盖向前，背部挺直（但不是与地面垂直）。开始恢复站立时，收紧臀部，双脚均匀向下用力。如果你是下蹲练习的新手，可以将体操棍平放在后背上，体操棍要贴着臀部、上背部和头部，这将有助于保持脊柱挺直。你也可以在脚趾处垂直放置一个盒子，保持膝关节的弯曲程度不超过脚尖，从而帮助保持正确的姿势。

双腿手提箱下蹲

双腿手提箱下蹲（Two-Leg Suitcase）（I）

使用与上文相同技术完成手提箱下蹲。在这里，一手握住哑铃或壶铃。因为阻力仅在一只手上，这会迫使你的核心在对侧激活更多。身体保持居中姿态的情况下完成一个正常的下蹲，不要让重量把你拉到一侧。一侧重复 10–15 次，然后换手，另一侧同样重复 10–15 次。

单腿下台阶（One–Leg Step–Down）（A）

掌握双腿下蹲后，我们将进行单腿练习，可以应用同样的技术。如果有条件的话，我更喜欢下台阶或盒子进行单腿下蹲，因为这样有助于了解下蹲深度。当脚碰到地面时，你已经达到了想要的深度。增加台阶高度，从而增加下蹲深度。一条腿稳稳地站在一个箱子上，蹲下，另一条腿缓慢向后伸出，直到碰到地面。回到站立姿势时注意收缩臀部和股四头肌。密切关注你的膝关节对线，如果膝关节内扣，那么应该在运动过程中收紧髋部外侧。

单腿下台阶

单腿手提箱下蹲（One–Leg Suitcase Squat）（E）

这个练习和上面的练习动作完全一样，只是一侧手有负荷。将负荷保持在下蹲腿同侧，这样将挑战对侧核心，类似于跑步时步态支撑相。 一侧腿练习重复 10–15 次，然后换另一侧继续。

单腿手提箱下蹲

罗马尼亚硬拉（RDL）进阶：

[Romanian Dead Lift (RDL) Progression]

RDL 是每个跑步运动员必不可少的练习。它侧重于增强臀部和股后肌群的力量以及整体核心的稳定性。大多数跑步者的股四头肌具有优势，因此需要更多地关注大腿后部的肌肉。在这个练习中姿势和技术的注意是非常重要的，以避免脊柱上的负荷过重。我建议在加入阻力之前，请接受认证的私人教练，物理治疗师或其他运动专家的专业指导。完成2–3组，每组重复10–15次，通过增加阻力来增加练习强度。与单腿下蹲一样，通过在不平坦的表面（如软垫）上完成动作增加单腿 RDL 的难度。

体操棍辅助的双腿 RDL（Two–Leg RDL with Stick Assist）（B）

首先，将一根体操棍背在背后帮助建立姿势，从而完成 RDL。将体操棍背在背后，体操棍要贴着髋部、上背和头部。站立，双脚分开与双肩等宽，膝关节略微弯曲。通过向后移动臀部向前弯曲身体，就像你正在尝试用臀部触摸你身后几英寸处的东西。注意保持躯干挺直，将髋关节作为弯曲点，而非脊椎。后背上的体操棍应始终贴住头部、上背部及髋部上缘。并且，体操棍与腰部之间应该始终有一个小小的间隙，这个距离不应该随着你的运动而改变。你的膝关节可以稍微弯曲，但是主要的运动应该通过髋关节完成，在背部弯曲之前或者股后肌群紧张时停止运动。那些股后肌群柔韧性较差的人可能不能完成低位的动作，在这里控制比深度更重要。恢复站立时，注意收缩臀部，并且向前挺髋。站起过程应该通过你的大腿和髋部完成，而非背部。

使用体操棍帮助脊柱对位的双腿 RDL

抗阻双腿 RDL（Two–Leg Resisted RDL）（I）

当你能够控制 RDL 运动模式时，可以增加阻力，使用哑铃或杠铃或壶铃，通过在两手之间均匀分布阻

抗阻双腿 RDL

力开始该动作。你可以改变动作形式，完成单手抗阻的双腿 RDL，这个动作更强调躯干旋转控制。

抗阻或非抗阻的单腿 RDL（Single-Leg With or Without Resistance）（A/E）

单腿 RDL 是一个要求你保持平衡的复杂运动模式。开始不抗阻，单腿站立，并完成与双腿 RDL 相同的动作。当身体前倾时，另一侧的腿应该是笔直的，并努力向身后伸直。整个运动过程中，后面的腿、躯干及头部保持在同一条直线上，并使脚后跟尽量伸离身体，慢慢完成，保持平衡并有效控制支撑腿膝关节的位置。另外，保持髋部水平无侧倾。在无抗阻的情况下顺利完成该动作之后，抬腿一侧的手中可持轻物练习。

抗阻单腿 RDL

飞机式（Airplane）（E）

飞机式是单腿 RDL 的延伸。将力量、稳定性和平衡性的许多部分整合到一起，相当具有挑战性。像前一个练习一样进行单腿 RDL，但是双臂水平放在身体两侧。拇指始终指向你的背部。当你处于动作模式的最低位置时，挑战开始，慢慢地向上转动你的躯干、手臂和大腿。想象一下，就像是支撑腿一侧的髋部发生的扭曲运动，开始时躯干面向地面，随后缓慢旋转到侧面。确保躯干、手臂和大腿一起移动，注意使髋部和肩部保持正方

飞机式

形。另外，确保你的支撑腿不会随身体其他部位一样移动。你的膝关节将会有内扣的倾向，可以通过收紧臀部外侧以避免这种情况发生。当你完全旋转时，停止，然后降低回到起始位置，最后站直。完成以上所有动作是一次练习。随着技术的提高，你可以手握哑铃完成动作。

北欧卷曲（Nordic Curl）(E)

这个练习能够产生额外效果。这不是一个硬拉模式，但它可以单独练习股后肌群。股后肌群以离心姿势完成该动作，这是一个很多人在跑步中深受折磨的区域。这是一个简单的练习，但是会给股后肌群带来很大的负荷，所以它被评为专业级的动作，因此应该谨慎地将其引入到你的常规练习中。完成 2 组，每组重复 10 次，你将看到你身体产生的反应。

北欧卷曲

从两膝跪在地上开始，让一个人把你的脚踝牢牢固定住，或者将其放在一个不会移动的物体下面。保持你的核心中立位。前方大约 1–2 英尺的地方放置一个高的物体，比如椅子。随着你的进步，可以让该物体离你更远一些。慢慢地使躯干前倾，用手臂撑住固定物以停止运动，用手臂回到直立姿势。当你能够很好地控制自己前倾到椅子的位置时，可以找一个稍微低一点的物体继续练习。

核心稳定性练习

桥式动作进阶（Bridge Progression）：

桥式动作主要在注重核心稳定性的同时激活臀肌和改善臀肌力量。密切注意控制你的骨盆、腰椎和肋骨以保持中立位核心姿势。平躺，双手平放在两侧地面上，双手轻轻压住地面有助于增加核心稳定性。完成 2–4 组练习，每组重复 10–15 次。通过使用更大阻力的弹力带来增加强度，也可以使用更不稳定的球增加动作的挑战性，如更小的健身实心球或更坚硬的篮球。

双腿桥式（Two–Leg Bridge）（B）

平躺，双膝屈曲，双脚与肩同宽，平放在地面上。骨盆轻微的卷起，腰部放平，压低肋骨。保持这个姿势，收紧臀肌，抬起髋部，同时脚后跟用力下压。当你觉得无法控制髋部时停止该动作，这个练习的高度并不重要，所以不要试图抬得太高。当可以很好地控制这个动作时，在膝关节上加一个弹力带，确保你的膝和脚同宽。每次练习时均在最高位置保持 2–3 秒。

双腿桥式

弹力带交替跨步桥式（Marching Bridge with Band）（I）

采取与两腿桥式相同的姿势，通过髋部发力在抬高位置暂停。将阻力较小的弹力带套在膝关节上，注意在练习期间保持弹力带的张力。通过伸直腿来做缓慢的交替踢腿，就像在行军一样。保持你的膝关节不动，并确保你的髋部保持水平。

弹力带交替跨步桥式

单腿桥式（One-Leg Bridge）（A）

进行单腿桥式练习时，抬高一条腿，使髋部和膝关节屈曲的角度为 90° 。在运动过程中，腿部保持该姿势不变，另一条腿稍微向中间靠拢，并执行桥式动作，确保髋部左右保持水平。可以通过在支撑腿脚下放置一个泡沫轴来增加难度。如果你还想让难度更上一层楼，尝试在脚下放一个小的健身实心球。

单腿桥式

瑞士球屈膝单腿桥式（One-Leg Bridge with Physio Ball Hamstring Curl）（E）

使用一个大的瑞士球，一条腿向前方伸直放在球上。与标准的单腿桥式类似，另一条腿弯曲，髋部和膝关节屈曲 90° 。建立桥式姿势，注意核心控制。起初可能需要用手帮助平衡，要做到这一点，双手应放在侧面，当髋部抬起时，双手轻压地面，朝你的方向缓慢滚动球体，然后在反方向滚出，这样你的腿就能回到伸直的起始位置。如果你不能熟练使用瑞士球，可以将两条腿均放在球上进行练习，然后进阶到单腿练习。

瑞士球屈膝单腿桥式

平板支撑进阶（Plank Progression）：

平板支撑姿势对于增强核心稳定性是十分重要的。为了平板支撑练习取得最大效果，必须采用正确的技术，身体保持直线以及核心处于中立位置，控制呼吸也很重要。完成 3-5 组，每组 30-60 秒。不要使用计时器，通过计算呼吸次数为每组计时，每组进行 5-10 次呼吸。计算呼吸次数可以使你更多地关注姿势的控制，而不仅仅关注完成时间。且必须保证质量！

平板支撑（Plank）（B）

在进行基本的肘部平板支撑时，面朝下趴在地板上，肘部位于肩部正下方。抬起肩部和髋部，通过前臂和脚支撑身体。通过臀部和腹部保持收紧使核心参与其中。不要让腰部下陷，脚踝、膝、髋和肩保持身体绷直姿势。如果不能在良好控制的前提下保持 30 秒，那就用手和脚，或者肘部和膝盖支撑以完成动作。当你能够把这个姿势保持 30-60 秒时，恢复使用肘和脚支撑的姿势。

平板支撑

平板支撑分腿走（Foot Walk-Outs）（I）

像前面的练习一样进行肘和脚的平板支撑。两脚交替向外侧缓慢移动，每次移动的距离约为 6 英寸，当双脚分开至舒适的宽度时，动作停止。注意收紧臀部，抬高移动的腿。当腿在空中时，确保腰部不要倾斜。双脚分开到目标位置后，再慢慢将其移回并拢。

平板支撑分开走

球上平板支撑（Ball Plank）（A）

这个练习的姿势与普通平板支撑相似，不同的是你的前臂或手放在一个瑞士球上。开始时将球抵在墙上，以帮助你获得稳定性。当你能够控制该动作后，可以在空旷的地面上用球进行练习。

球上平板支撑

搅拌罐练习（Stir the Pots）（E）

这是球上平板支撑的进化版。用前臂在球上建立平板支撑姿势。现在用前臂完成一个小的圆周运动，就像你在搅动一个罐子一样。练习该动作时，保持身体尤其是肩部固定，尝试只移动你的手臂和球。每种方式以不同速度和次数交替重复进行。你还可以增加前后以及左右移动以增加训练乐趣。

搅拌罐练习

瑞士球行走（Ball Walk-Out）（E）

瑞士球行走是平板支撑系列的终极动作。首先将脸朝下趴在球上，向前滚动，直到双手落地。用手缓慢向前移动，球在躯干下滚动，最后将球滚动到双腿下方。当你的脚在球上垂直时，停止移动，然后反方向回到初始位置。把这个练习看作是从手运动到脚的平板支撑姿势。在整个过程中使身体保持一条漂亮的直线。

瑞士球行走

侧平板支撑进阶（Side Plank Progression）：

侧平板支撑是上述标准平板支撑的改进版。这个动作可以单独训练身体侧方核心。该动作同样应该进行与标准平板支撑相似的姿势和呼吸，同样完成 3-5 组，每组 30-60 秒，或每组 5-10 次呼吸。

侧平板支撑（Side Plank）（B）

侧卧，肘部放在肩部正下方，双腿叠放。使用肘部和前臂将身体撑起，两脚交叉，上面的脚放在下面的脚前面，保持身体挺直，髋部抬起。确保髋部不要下沉，上方手尽量向天花板伸直。与之前的姿势一样，确保你的核心收紧。如果你无法将该姿势保持 30 秒，那么使用前臂和膝关节支撑身体。当你能够将该姿势保持 30-60 秒钟时，尝试完成标准的侧平板支撑。

侧平板支撑

抗阻控制侧平板支撑（Side Plank with Resisted Lowering）（I）

在这里，空中的手握着哑铃，同时进行与上面相同的侧平板支撑动作。手持哑铃慢慢地抬高和降低，用拇指引导上下两个方向。

抗阻稳定侧平板支撑

侧平板支撑转体（Side Plank Rotations）（A）

以前臂和脚撑地的侧平板支撑开始，上面的脚放在下面的脚前。身体向前转动，直到形成标准平板支撑姿势，然后继续旋转形成另一侧的侧平板支撑姿势。在这个姿势，记住依然要使上面的腿在下面的腿的前面。慢慢地来回转动，在每一次旋转

侧平板支撑转体

至面朝下，即标准平板支撑时短暂停留。

跪撑进阶（Quadruped or All-Fours Progression）：

跪撑的另一个名称是手膝位支撑或四点支撑。这个姿势有助于卷起骶骨和骨盆，目的是结合旋转稳定性锻炼核心稳定性，这对跑步者来说是至关重要的。如果你是核心稳定性训练的新手，这是一个很好的练习。进行这些动作练习时需要注意，背部不要朝地面倾斜，而只是略微下降或几乎持平。每一侧完成 2–4 组，每组重复 10–15 次。可以考虑使用平板支撑动作中使用的计算呼吸次数替代计算重复次数，每一侧完成 2–4 组，每组 3–5 次重复，每次重复保持 3–5 次呼吸。可以通过缩小手、膝关节或脚的宽度来挑战自己。

跪撑伸腿（Leg Reach）（B）

双手双膝撑地，头部与躯干保持在同一直线上，身体放松。腰部尽量不要下陷，保持核心收紧。慢慢向后伸腿，两腿交替进行。 重点是通过脚后跟尽量向后伸直你的腿，而不是仅仅抬起。在此期间控制躯干不要左右摆动。执行该动作时可以在背上放一个水瓶或泡沫轴检验核心是否得到有效控制。

跪撑伸腿

跪撑手腿交替伸够或“鸟狗式”（Alternating Arm and Leg Reach or “Bird Dog”）（I）

首先进行跪撑伸腿，同时对侧手臂向前伸够。你可以采取以下两种方法完成该动作：对侧的手臂和腿交替向前和向后伸够，或者用一条腿和对侧手臂连续做多次，然后切换到另外一侧的手和腿，再重复。如果你连续做了一次以上的重复动作，那么每次手臂仍然在空中时，慢慢将肘部降低靠近膝关节，然后再回到伸展姿势。如果你已经熟练控制这个动作，可以尝试将双手和膝关节靠得更近。下面是一个高级版本，保持伸展姿势，空中的手脚同时完成一个画 6 英寸方形的动作。在空中进行微小动作时控制核心是关键。

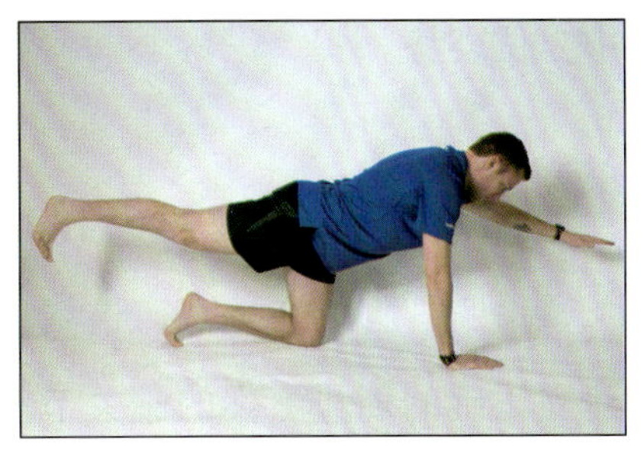

鸟狗式

熊爬（Bear Crawl）（E）

四点支撑，背部对着天花板轻微拱起。轻轻抬起膝关节离开地面，通过同时向前移动对侧的上下肢完成爬行动作。当从一侧动作向另一侧动作转换时，不要急。确保髋关节保持低位，膝盖贴近地面，同时确保核心收紧，背部平坦稍向上拱起。掌握了缓慢的熊爬模式后，可以进行更快速度和更长时间的练习。你也可以练习向后爬。这些将重新带给你童年的乐趣!

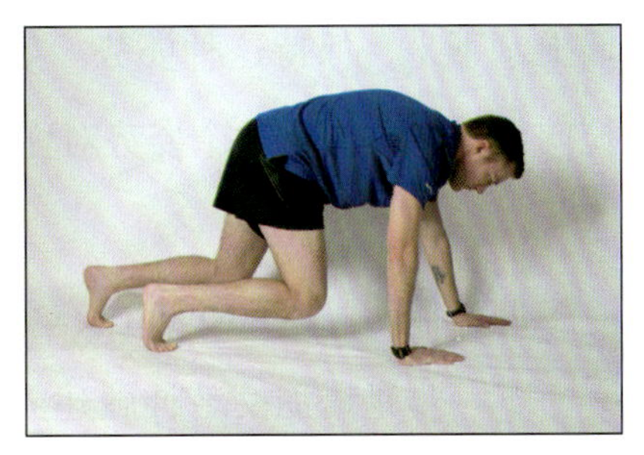

熊爬

仰卧姿势进阶（Supine Progression）:

仰卧指仰面朝上平躺。这组练习旨在锻炼前腹部。第一个练习，90/90 保持姿势动作，是非常好的核心稳定基础练习，完成 3–5 组，每组 30–60 或每组进行 5–10 次呼吸。其他练习需重复更多次，对于这些动作，每侧完成 2–4 组，每组重复 10–15 次，或者每侧重复 3–5 次，每次将姿势维持 3–5 次呼吸。开始时请注意不要过分伸展手臂和腿，最重要的是关注核心，保持中立位姿势。

90/90 保持姿势（90/90 Holds）（B）

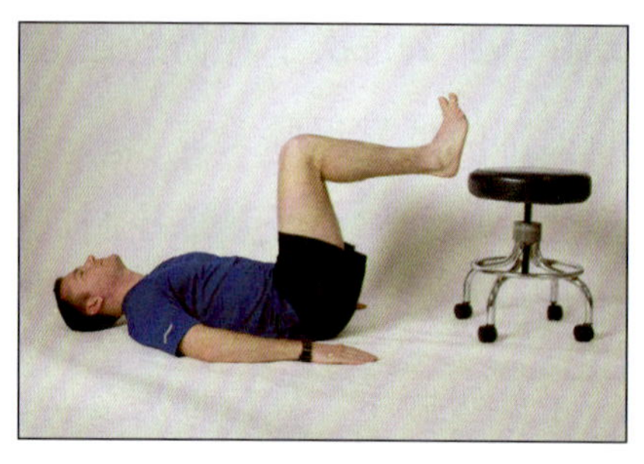

90/90 保持姿势

平躺，脚蹬在墙上，这堵墙将帮助你建立正确的姿势。你的髋关节和膝关节应该屈曲 90°。手臂伸直放在身体两侧，轻轻按压地面，你应该注意核心得到激活。注意向后倾斜你的骨盆，轻轻地在地面上展平脊柱，并保持下方肋骨降下。把脚从墙上拿下来，保持这种姿势。如果你无法维持这个姿势，那么把膝关节稍微拉向你身体。如果这个姿势对你来说太容易，可以稍微移动双腿远离身体。

仰卧伸腿（Leg Reach）（I）

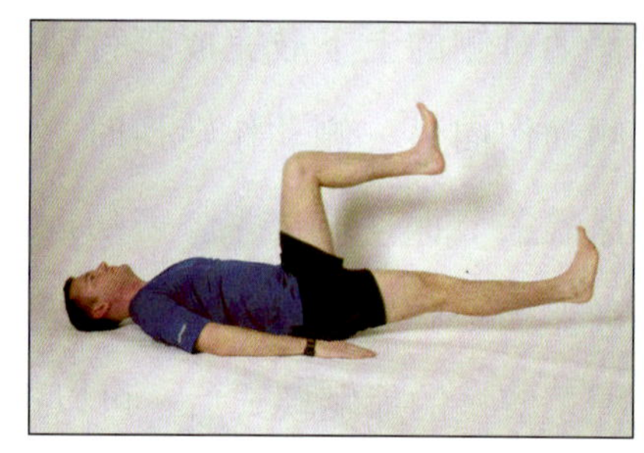

仰卧伸腿

下一步是增加交替伸腿建立稳定姿势。假设在没有墙的 90/90 姿势下，将一只脚绷直伸出，脚后跟轻轻地接触地面，然后返回起始姿势，两腿交替伸出。在此期间密切关注你的核心控制。不要让腰部拱起或下方肋骨抬起。

仰卧手腿交替伸够或“死虫动作”（Alternating Arm and Leg Reach or “Dying Bug”）（A）

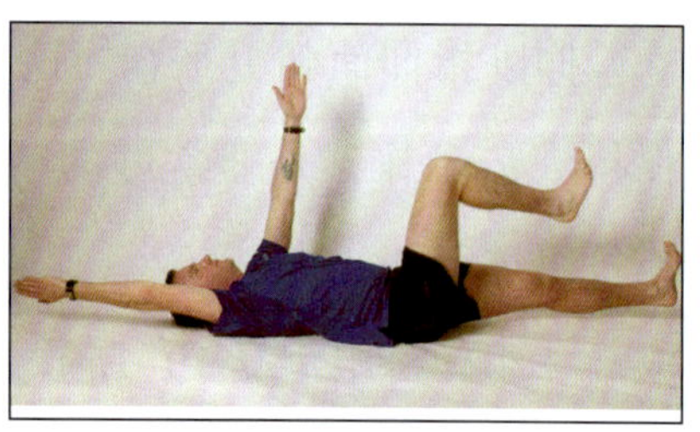

死虫动作

与 90/90 姿势相同，但是手臂需要屈曲 90° 并指向天花板，交替伸出对侧手臂

/腿。确保核心收紧，同时髋部和脊柱保持原位不动。

夹球动作 – 仰卧手腿交替伸够（Ball Pinch—Alternating Arm and Leg Reach）（A）

夹球动作仰卧手腿交替伸够

死虫动作的终极动作，需要使用瑞士球。保持死虫动作姿势将球放在膝关节和手臂之间，双手双脚一同压住瑞士球，加强核心激活。现在，使用对侧的手臂和腿完成死虫动作，使用不移动的肢体持球，必须使用位于对角线上的手和膝关节持球。更大的球会使这个动作更具挑战性。可以改变动作在一侧进行，为此，使用同侧的手臂和腿持球，而另一侧手臂和腿移动。

单膝跪 / 弓步进阶（Half Kneel/Lunge Progression）：

单膝跪和弓步练习非常重要，需要掌握。当双腿一前一后处于相反位置时，这些姿势集中训练核心的稳定性。它模仿了跑步步态。保持腰椎中立位是这一系列动作的关键。如果髂腰肌和股直肌（髋部和大腿前侧的肌肉）紧张，你可能会发现这个姿势很难控制。如果出现这样的情况，在开始这些练习之前，先回到柔韧性练习。第一个练习，窄距单膝跪保持，每侧应该完成2–4组，每组30–60秒，或者每组完成5–10次呼吸。其他动作练习需重复更多次，对于这些动作，每侧完成2–4组，每组重复10–15次。

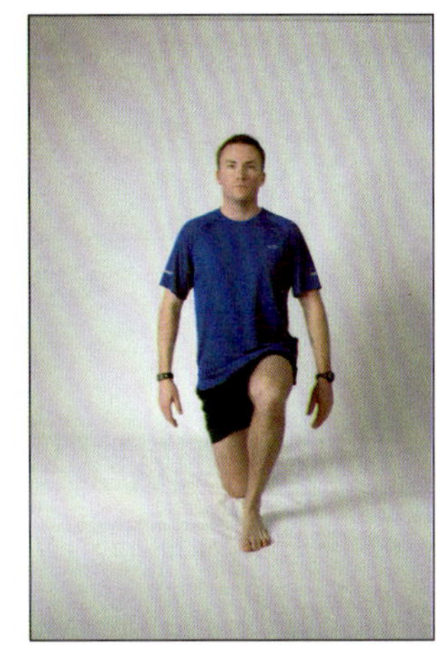

窄距单膝跪保持

窄距单膝跪保持（Narrow Half Kneel Hold）（B）

一腿在前，单膝跪地。这看起来应该像髂腰肌拉伸的姿势，轻轻卷曲骨盆并保持。现在，移动前面的脚以及地面上的膝盖/脚，尽可能靠近中心成一条直线。注意在身体直立的条件下控制你的躯干。

伐木动作（Chops）（I）

与上面姿势相同，单膝跪地，双脚与肩等宽，你可以缩小双脚之间的宽度以进一步挑战。双手拿住一个健身实心球或小哑铃，将其举过屈膝并抬起至一侧肩上方，双手持球向跪在地上的一侧身体做对角运动，就像在伐木一样。然后反向运动并使双手回到高位。确保移动物体时你的躯干保持直立，并且核心是收紧的。当你向下完成劈砍动作后，手臂以更快的速度回位，但仍然需要控制手臂在最高处暂停。

伐木动作，起始姿势

伐木动作，结束姿势

弓步抗扭转推（Lunge Anti-Rotation Press）（A）

两腿分开前后站立，身体降低约 6 英寸，保持这个姿势。尽量将重心放在前面的腿上，躯干稍微前倾即可达到效果。用双手握住一根弹力带，弹力带另一端连接到侧方与胸部等高的物体上，如门或者柱子。现在通过从胸部向正前方推动，双手完成弹力带的推举动作。确保核心保持收紧，并不会因为弹力带被推出而移动。每条腿分别在前以及弹力带分别在身体左右侧练习重复动作为一组，完成四组。当你感觉能够轻松完成以上动作时，可以使用阻力更大的弹力带，或者可以尝试使用绳索器械。

弓步抗扭转推

膝关节抗阻弓步（Knee Resisted Lunge）（A）

对于跑步者来说，这是弓步练习的一个重大改进。将弹力带一端套在膝关节外侧，另一端绑在同一高度的物体上。在弹力带试图向内拉动膝关节的力的作用下完成一个站立弓步。脚和膝保持在一条直线上，同时两侧髋关节在与你面对的方向上成方形运动。

膝关节抗阻弓步

弓步站起（Lunge Ups）（E）

以单膝跪姿势开始，确保核心收紧。动作需遵循以下顺序：通过收缩同侧的臀部肌肉使前脚下压，向前移动重心及躯干前倾，再次下压这条腿，提起后膝离地约 1 英寸，保持这个姿势 3–5 秒，然后回到起始姿势。每次重复的每个步骤应该慢慢地进行。这个动作看似容易但实际做起来却很难。

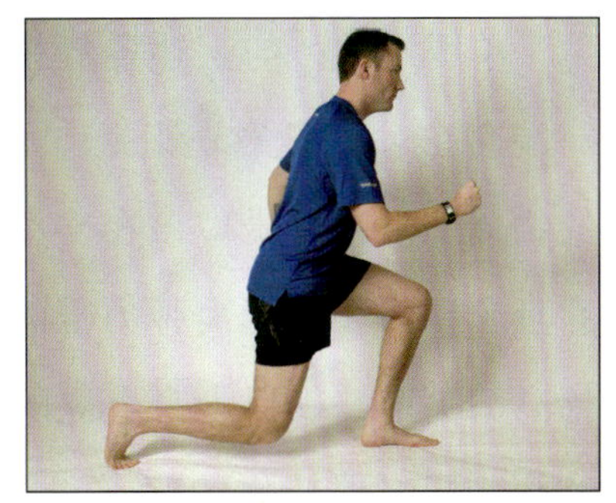

弓步站起

站立动作进阶（Standing Progression）：

最后一组稳定性动作是站立动作。对于一个跑步者来说这是至关重要的，所以你必须在站立位置能够控制自己的身体。对于前三个动作，每侧完成 2–4 组，对于直升机动作，每个方向完成 2–4 组。

抗阻摆臂（Resisted Arm Swing）（B）

单腿站立，膝关节稍微弯曲，将身体重心转移到与地面接触的脚上。确保不要从髋部向前弯曲；相反，核心处于中立位置并保持收紧。现在两手各握一只哑铃，双臂交替摆动，就像跑步一样。前臂轻轻划过你的身体侧面后，双手在靠近肚脐处停止。一定保持脚、膝关节、髋部和肩部指向你面对的方向。如果你能顺利完成该动作，那么可以使用更大的力量摆动你的手臂，并尝试使用更重的哑铃。

抗阻摆臂

抗阻抬膝（Resisted Knee Raises）（I）

单腿站立，与上述姿势相同。将弹力带一端套在对侧膝关节外侧，另一端绑在等高的物体上。弹力带应该在支撑腿前起作用，并且套在另一条远离弹力带的大腿上，缓慢抬高膝关节，确保上身直立的前提下控制你的腿，同时保持你的躯干和支撑脚 / 膝关节在同一直线上。熟练完成该动作后增加负荷。

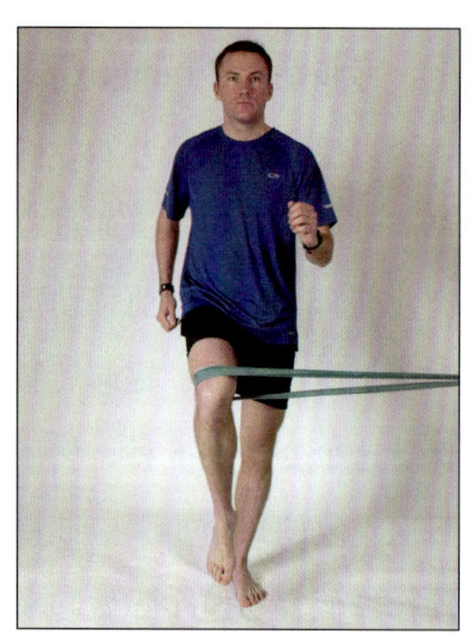

抗阻抬膝

提箱行走（Suitcase Carry）（I）

提箱行走

提箱行走与手提箱下蹲动作的目的相同，但适用于身体移动。一只手在身体一侧持重物，站直，确保躯干不倾向任何一侧，保持核心参与其中并处于中立位置。现在，慢慢地向前走。如果你能够很好地控制这个重量，可以尝试更大的阻力。 在两侧均进行该练习。

直升机动作（Helicopters）（E）

直升机动作

这是一个有趣的练习，但需要更大的空间安全地进行，同时需要一些设备。将一个较轻的物体牢固地绑在一根较粗的绳索的一端，4 英尺长的软柄绳索效果较好。适当下蹲站立，手臂做圆周运动，用绳子拖拽物体在头顶上旋转。注意每次旋转时的核心控制点。不要只是通过手臂和肩部旋转绳索，可以改变控制点，如在你前面、侧面或后面，然后改变旋转方向。

核心稳定性的质量和数量

以上就是调整核心力量和稳定性的练习。请记住，质量比数量更重要。在不良姿势下完成 20 次较高负重的练习所获得的收益不及做更少次数的控制良好的练习。此外，应该始终注意姿势和呼吸控制。建议在镜子前进行这些练习，以便你能看到自己做的。如果没有镜子，建议让朋友观察你或为你录像。

在制定核心练习计划时，变化很重要。跑步者每周至少要有两三天进行核心练习。我建议从本章的各个类别中选择两个或三个练习，每天可以在不同的类别或进阶中进行挑选。有一点需要考虑的是，练习的姿势是平躺、侧卧、跪姿，及站立姿势中各选一个，不要只进行同一个姿势的练习，它们会以不同的方式激活你的核心。如果你执行这个计划，每天须进行四到六个练习，只需要 15–20 分钟。总的来说，这意味着每周耗费 30–60 分钟用于练习。这对于减少受伤的风险是非常划算的，同时还有助于提高跑步经济性和成绩。关于制定核心训练计划的更多指导，请参阅附录。

结合跑步动作进行力量和稳定性练习同样重要。在下一章中，我们将学习如何使用正在构建的力量和稳定性为跑步的引擎提供动力。

第九章 跑步技术再学习

花些时间掌握前两章的练习，这将帮助你为核心打下坚实的基础。但是，即使你在基础上拥有了所有这些力量，你仍然需要将其运用到跑步中。这就如同购买一辆全新的、精致的汽车。发动机可能拥有强大的动力并且运行平顺，但如果你没有对车上的轮胎进行平衡和校准，那么再好的发动机也是无用的。当你开车的时候，车子会在路上摇摆不定。

想想你最后一次跑在别人身后并观察其跑步技术的情景。你看见其手臂左右摆动，躯干扭动，双腿像风车一样拼命蹬地。这个跑步者没有受伤，简直太神奇了！也许一些蚌壳式运动将有助于加强他的臀部力量并帮助他进行腿部控制，或者一些平板支撑训练可以帮助他收紧核心。不幸的是，虽然他在几周内便可以加强髋部力量及核心稳定性，但他跑步的方式不会发生任何改变。因为技术根深蒂固，所以改变跑步姿势需要再训练，而不仅仅是加强力量训练。

当你学习一个新的任务时，需要集中精力把所有部分整合在一起。经过多次重复，这些动作开始更流畅。做这些动作时你不需要太多思考，它们在潜意识里就发生了，这对于跑步至关重要。回想一下我们在第二章讨论的跑步技术，平均步态周期需要 0.5–0.75 秒。时间转瞬即逝，你不可能有足够的时间思考，特别是一个步态在另一个之后立即进行时，步频通常是每分钟 150–200 次。快速的步频和重复次数使得核心稳定性至关重要。要做到这一点，需要练习，而且需要很多练习。根据跑步姿势中你试图改变的问题的多少，可能需要几个月的时间来完成改变。那么，就像你的汽车一样，你需要做一些日常的维护工作，以保证事情顺利进行。

在深入进行跑步专项训练之前，进行更多的动态练习对核心稳定性是非常重要的。以下练习可以弥补以前学习的静态稳定性与更多基于运动的控制之间的空白。

现在是时候把所有信息汇聚到一起了。回顾一下你在第五章中看到的视频。什么情景一下映入你的眼帘？专注于这些区域，你的身体姿势以及对核心的控制。需要思考的问题有很多，这就是为什么需要一些时间做出改变。慢慢开始，一次专注一件事，掌握后再开始另一件事。使用镜子获得反馈信息，这种可视化的简单方法可以即时提供反馈，同时帮助慢慢养成正确的姿势。最后，每隔几周找人为你录制视频，这样会给你更多反馈，以确保所有训练能共同发挥作用。

这些练习完成得越多，训练就会越容易、越精炼。每周进行这些练习的时间至少要达到跑步时间的一半，它们是对第七章中学到的动态拉伸训练的一个很好的拓展。你可以在开始跑步之前进行这些练习，以期模拟跑步过程中的运动模式。某天，你希望加快跑步速度或进行速度训练，那么可以将其作为热身的一部分。我也主张在跑步之后应该进行更多的练习，疲劳时许多人的跑步姿势会走形，这说明跑步后的训练对提高效率和减少伤害更为重要。如果在艰苦的跑步之后你依旧能够控制自己的核心和姿势，那么说明你具有良好的身体状态。

尽量脱鞋完成这些练习。这将有助于加强你的脚和腿部力量，并且可以让你更好地感受身体的位置和与地面接触的感觉。这同样能够减少地面到身体以及身体到大脑之间的反应时间，有助于加速潜意识训练。每周在不穿鞋的情况下至少完成50%的练习，偶尔穿鞋训练将有助于在训练和跑步之间建立联系。现在，让我们校准身体的各部分，开始跑步练习。

准备阶段：身体建立正确的跑步姿势

姿势对跑步效率至关重要，把你在第六章和第八章中学到的东西运用到这里。你的脚踝、髋部、肩部和耳朵应该处于一条直线。注意站直时腰部不要过伸。保持骨盆中立，不要让腰部过度前凸。继续向上，下方肋骨应该保持向下，眼睛朝前。肩部保持向下放松以及稍微向后收缩，打开胸腔。现在让你的重心稍稍前移，通过保持核心收紧及身体直立——移动必须发生在脚踝上，可以假装你在空中做平板支撑，你的脚后跟应该保持在地面上，以这种方式向前移动可以使你的身体建立更适合跑步的姿势。

赛格威（Segway）是一种两轮的具有自我平衡能力的个人运载工具。当骑手将重心向前或向后转移时，赛格威会向前或向后移动。如果你向前倾，车轮会加速，并防止你掉下来，这与跑步的过程是一样的。赛格威把向前倾或向后倾的动作当做油门踏板。把你的身体稍微前倾一点，开始慢跑；再前倾一点，开始快跑，关键是保持你的直立姿势。长跑运动员的前倾程度很小。以下的练习非常重要，你可以在站立时随时练习，而不仅仅是在跑前或跑后时。

双腿赛格威练习（Two-Leg Segway）

双腿赛格威练习

站立，两脚分开，与肩同宽。确保你的脚和膝关节朝前。张开脚趾，并将脚趾垫压在地面上，屈膝约 30° 。注意保持髋部和脊柱的中立位姿势，把重心转移到你的脚前，但脚跟不能离地，你应该感觉到体重的 60%-75% 在脚的前面部分。重复 3 次，每次保持 60 秒。这是一个简单但极其重要的练习，掌握了这个动作要领之后，把练习融入到日常生活中，这样跑步的效果会更好。

“支撑相中期”单腿赛格威练习（One-Leg Segway “Midstance” ）

“支撑相中期”单腿赛格威练习

为了让你的姿势更针对跑步，请采用双腿赛格威姿势，并通过单腿完成。从双腿赛格威姿势开始，然后将你的重心转移到一侧。抬起另一条腿，膝关节在身体前弯曲，脚踝在身体正下方。控制姿势，保持髋部左右水平，重心向前落在你的脚掌上，最后，确保你的膝关节不会内扣。髋部和臀部轻微向外侧屈曲有助于保持正确姿势，如果需要，请扶住墙壁或椅子保持平衡。每条腿重复 3 次，每次 30-60 秒。 随着动作完成得越来越容易，可以增加持续时间。 再次说明，这是一个可以经常练习的非常好的运动。在办公室进行这个练习也许比较困难，但你可以在刷牙的时候做。

双臂摆动

手臂摆动的方式直接反映了你身体的其他部位在做什么。通过核心控制和腿部对线练习，你的手臂可以自然地摆动到正确的位置。通过改进对手臂摆动的控制，身体的其他部位也将随之而动，因为对侧的手和腿是相互制衡的。从坐位到跪位、弓步，然后到站立姿势，这是训练进阶过程。如果你是新手，那么应从坐姿开始练习。在你按照以上进阶完成这些练习后，把重点放在站立姿势上。与赛格威练习类似，在掌握控制技巧之后，你将不再需要重温这些练习，它们将与其他许多训练结合在一起。

核心控制的摆臂进阶

核心控制的摆臂动作，伸腿坐姿势

坐在地上，双腿向前伸直，确保躯干与双腿垂直。如果不能垂直，稍微弯曲膝关节，并且可以参考前面的柔韧性和灵活性练习方法使该区域放松。现在保持核心收紧，像跑步时一样摆动手臂。肩上部和脖子保持放松，通过稍微向后拉肩打开胸部。肘部稍稍远离肩部，保持 90° 弯曲，摆动点应该发生在肩关节上。双手向前摆向中线，但不要越过肚脐，确保双手放松。我喜欢想像在拳头保持放松时用拇指和食指夹住一片薯片。当前后摆动时，你的前臂应该轻轻划过身体两侧。当上臂在你身后时，手应该落在髋部。开始手臂慢慢摆动，并在有进步时提高速度，从每次 1 分钟，重复练习 3 次开始。当可以很好地控制这个动作并易于完成时，可根据个人情况通过以下姿势进阶练习：脚在身体前方的伸腿坐姿势，像做单膝跪稳定性保持动作的单膝跪姿势，弓步直立姿势，以及如第八章所述的抗阻摆臂练习姿势。

开始应用于运动

以下五种练习的侧重点是锻炼核心和运动控制。这些练习可以帮助在跑前热身并激活身体。在进行这些练习的过程中应注意步伐轻盈，假装你正在踩一堆热煤，不想烫伤自己的脚。接下来的五个练习应该是快速的，但不用强迫完成，你应该感到动作流畅且可控。 如果你有足够大的空间可用，则可以完成 2 圈或 3 圈，每圈 50 英尺。如果没有的话，可以完成 3–5 圈，每圈 25 英尺。

踢臀跑（Butt Kicks）

踢臀跑是激活股后肌群的夸张动作，即把你的脚向后高高抬离地面。保持核心收紧，通过双脚交替向后踢控制手臂的摆动，同时试着用脚后跟踢自己的臀部。让双腿放松，运动不应感到强迫。

踢臀跑

高抬腿跑（High Knees）

高抬腿是单独激活髂腰肌，并将腿抬离地面。注意猛蹬离地，在身前把膝关节高高抬起。抬起膝关节时，保持前脚背曲。保持核心和躯干在可控的前提下尽量将腿抬高。如果你被迫后倾，应降低抬起膝关节的高度。请务必在这里加入手臂摆动动作。

高抬腿跑

侧向滑步（Shuffle）

侧向滑步

侧向滑步可以激活臀部外侧和髋部肌肉。膝关节屈曲 30°，微蹲，双脚和双膝均朝前，保持核心参与，曳步侧行。每跨一步后两腿靠近时双脚之间保持一小段距离。在此期间完成一个摆臂动作，就像你在进行开合跳（Jumping Jack）一样。当双脚分开的时候，你的双臂应该在头顶上，当双腿在一起的时候，你的双手应该靠近腹部正中线上。

交叉步侧走（Karaoke）

交叉步侧走

交叉步侧走（Karaoke）或葡萄藤动作也有助于核心的横向稳定，它包含了跑步步态所需的重要的旋转稳定性。站直，保持核心收紧。一条腿在对侧腿前方交叉跨出一步，然后在其后方横向交叉迈出第二步，完成双脚交替的交叉横向移动。当前腿在前面交叉跨步时，微抬膝关节。像跑步时一样摆动手臂，但允许它们随着躯干旋转，且确保步伐轻盈。

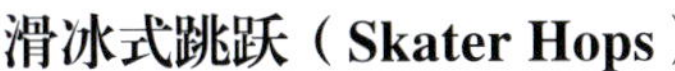

滑冰式跳跃（Skater Hops）

滑冰式跳跃

滑冰式跳跃是一种对角线跳跃训练，侧重于锻炼两侧核心的稳定性，同时重视下肢对位。从单腿赛格威姿势开始，就像你在跑步步态支撑相中期一样，完成一个对角线向前跳，对侧腿以同样的支撑相中期姿势落地。确保你在落地时得到缓冲，当你接触地面时让膝关节弯曲。确保核心是收紧的，并且脚和膝盖指向你将要去跳的方向。 只要能够控制好落地，你就可以以更快的速度和更加有爆发力的方式完成该训练。只要确保你不要为了速度而忽略对身体的控制。

将脚抬离地面

现在你的身体已经具有正确的姿势并可以自由运动，请注意通过髋部来驱动。 当你完成步态的支撑相并进入摆动相时，重点在于使用屈髋肌将腿从地面抬起，这会改善你的整体跑步效率。当你在这些练习中考虑到这点时，想象一下在沙滩上或冰上跑步。如果在沙子或冰块上用力蹬地，你的脚就会向后滑，从而导致你失去力量。相反，通过髋部快速将腿拉起，并让其向前，这样可以确保你向前跑。作为一名跑步者，你应该把能量用于向前进，而不是上下运动。重视髋部驱动将帮助你最大限度地减少垂直位移。

扶墙练习（Wall Drill）

站立俯卧撑姿势，把双手放在墙上，像做平板支撑动作一样，确保身体前倾。启动腿膝关节抬起并向上屈曲，另一只脚做踮脚动作。现在放下启动腿，另外一条腿抬起约 1 英寸（1 英寸 =2.54 厘米），然后快速地抬起启动腿并暂停，这个动作的重点是启动腿要回到起始位置。每条腿完成 3 组动作，每组重复 10 次。

扶墙练习

行进 A 练习（Marching A）

行进 A 练习

在掌握了扶墙练习之后，开始进行向前行进练习。动作技术与扶墙练习相同，但加入了手臂摆动。动作的重点不是每次训练一条腿，而是以两腿交替的方式进行。确保你的脚从一侧到另一侧的交替是快速的，并且可以通过核心很好地控制。按照与前面相同的参数进行练习，如果你有足够的空间可用，在 50 英尺（15.24 米）的距离上完成 2 或 3 圈训练；如果没有，在 25 英尺（7.62 米）的距离上完成 3–5 圈训练。

100 次抬腿练习（100–Ups）

100 次抬腿练习

这是一个侧重于耐力和控制力的训练。它类似于扶墙练习，但没有手的支撑，有更多手脚同时进行的动作。本训练是在原地不前进的情况下进行的。以单腿赛格威姿势一条腿站立，抬起的腿落地时，另外一条腿迅速从地面抬起。暂停一下，然后继续两腿之间的交替运动。目标是在保持良好的身体控制的同时，每条腿均完成一组动作（重复 50 次）。

在空中控制腿的运动

到目前为止，许多训练都集中将腿抬离地面和在支撑相期间对其加以控制。我们认为如何让腿回到地面是非常重要的，希望在与地面接触时把脚向后拉，不希望接触地面时你的腿还在向前摆动。为了完成该动作，可以想象一下扒地动作。

“进攻的公牛”刨地动作（Scuffing “Charging Bulls”）

一条腿以支撑相中期的姿势站立，将在空中的腿作为训练的腿。假装你的脚上粘了一块口香糖，你试图把它蹭掉。从抬腿的姿势快速完成一个圆周运动，当你的脚落到身体下方时，在地面上轻蹭。与地面的接触点应该是脚趾的前部，但蹭地时是脚的侧面，当腿回到高位时暂停。这个动作的重点是快速的移动。刚开始训练时，你可以手扶固定物保持平衡。每条腿完成 3 组，每组重复 10–15 次。熟练后双手可以不再扶固定物，并且可以加入跑步时的摆臂动作。

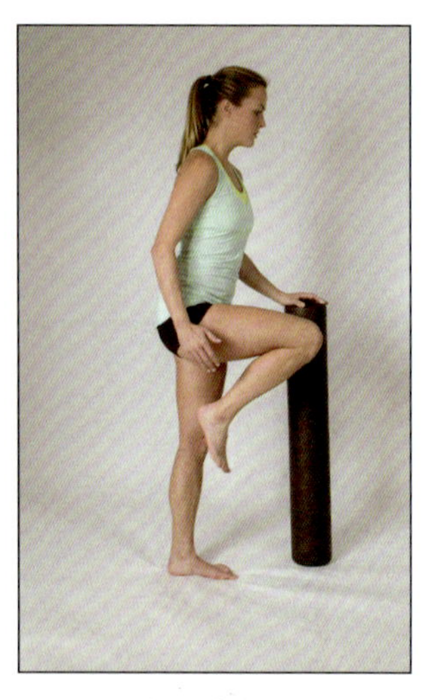

“进攻的公牛”刨地动作的起始姿势

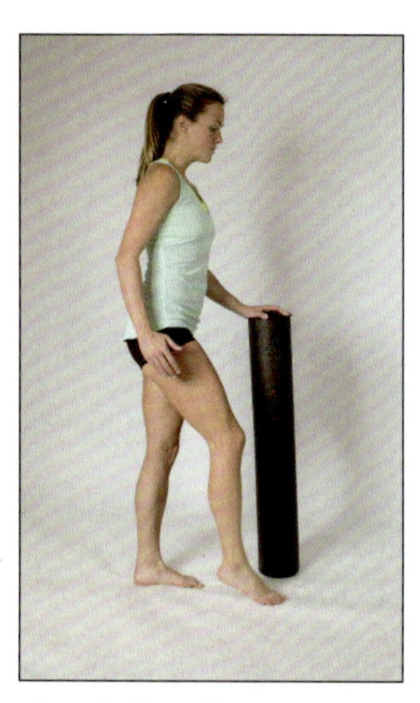

“进攻的公牛”刨地动作中的蹭地动作

行进 B 练习（Marching B）

行进 B 练习与行进 A 练习类似，但更侧重于控制运动到身前的腿，它更强调股后肌群的激活。与行进 A 练习动作相似，不同的是当膝关节处于上方时，将脚向前伸出，就像你正在迈步一样，然后像“进攻的公牛”一样将脚拉回到身下。就像你在行进 A 练习动作中所做的那样。如果你有足够的空间可用，在 50 英尺（15.24 米）的距离上完成 2 或 3 圈训练；如果没有，在 25 英尺（7.62 米）的距离上完成 3–5 圈训练。

行进 B 练习

接受冲击时身体控制

弹力带跑（Band Running）

在腰部套一根长的弹力带，将它的另一端固定在身后的一个等高的固定物体上，比如一个高桌子的腿或者一棵树。向前移动，使弹力带绷紧，使身体稍稍前倾产生阻力。现在，原地进行行进练习。如果你已经能够很好地控制行进动作，那么可以开始原地跑练习。确保核心收紧，并且不是腰部前倾。记住用髋部而不是用脚趾引导跑步动作。最好按时间间隔完成，目标定为每次 1 分钟，重复 3 次。

弹力带跑

跑跳（Runner Hop）

把跑跳想象成跑步的慢动作。这是观察你是否将跑步所需的各种动作完美组合在一起的最好的测试之一。如果正在跑步，你可以进行向前单

跑跳

腿跳，两脚交替进行。你的脚应该沿着一条线前进，也许这条线只是稍微宽一些。脚掌轻轻着地，而不是用脚后跟着地，膝关节稍微弯曲。密切关注你的脚、膝和髋的对位情况。如果你有足够的空间可用，在 50 英尺（15.24 米）的距离上完成 2 或 3 圈训练；如果没有，在 25 英尺（7.62 米）的距离上完成 3–5 圈训练。

身体像弹簧一样缓冲着地

轻轻着地是非常重要的，因为如果你的脚步越轻，那么关节和肌肉分配的冲击力就会越均衡，这对减少关节的压力很重要。为了改善跑步的经济性，应该轻轻着地，并使你的肌肉像弹簧一样工作。步态转换越快的跑步者的触地时间越短，从而可以减轻身体的压力。他们的脚会变得不那么黏滞，快速着地并且像弹簧一样从地面弹起，动作如行云流水一般。通过节奏练习，改善转换时间，这可以使用一个简单的手持节拍器来完成。如果你不喜欢音乐，请下载一个节拍器 APP，并以每分钟 180 次或更大的频率进行以下练习。选择这个数字是因为它模拟了肌肉在加载后反弹的速率。

节奏跳跃（Cadence Hopping）

从原地双足跳跃开始，节奏为每分钟 180 次。将训练重点放在轻轻着地上。你应该首先用脚趾触地，但是脚后跟也应该在每次重复时轻轻接触一下地面。在可以跟上节奏之后，完成一条腿的跳跃。跳跃的高度取决于跳跃的节奏。开始时，连续跳跃 1 分钟，重复 3 次。可以尝试在该节奏下跳绳。

节奏跳跃

原地跑（Running in Place）

原地跑是将所有跑步技巧结合到一起的绝佳方式。练习重点是核心控制，手臂摆动，脚从地面抬起，脚再轻轻着地。你也可以按照节奏完成这个动作，以每分钟 180 步以下的步频开始，然后慢慢提高频率。180 次以上的节奏也是很好的，这对于速度训练或节奏较快的跑步可能是必需的。原地跑就是更接近真实跑步的脚踝训练，因为它更侧重于膝腿抬起。为了将这两者结合起来，也可以以缓慢前进的方式进行，我知道这不是真正的原地跑，但它二者基本相同。连续原地跑步 1 分钟，重复 3 次。

跨步跳 A 练习（Skipping A）

跨步跳 A 练习

你真的需要跨步跳练习，这是重燃青春运动之火的绝佳方式，同时可以让你掌握更好的跑步技术。从一个基本的田径场地跳跃开始， 你会注意到，你更多地使用脚的中部或前部着地。现在，提高脚和手臂来回摆动的速度。 当你加快步伐时，不要失去对核心的控制，并且一定要慢慢着地。如果你有足够的空间可用，在 50 英尺（15.24 米）的距离上完成 2 或 3 圈训练；如果没有，在 25 英尺（7.62 米）的距离上完成 3–5 圈训练。

跨步跳 B 练习（Skipping B）

跨步跳 B 练习

接下来的步骤是添加伸够和扒地动作，这应该与行进 B 练习和“进攻的公牛”刨地动作一样。先进行跨步跳 A 练习，然后加入腿向前伸够，并拉回。同样，在 50 英尺（15.24 米）的距离上完成 2 或 3 圈训练；如果没有，在 25 英尺（7.62 米）的距离上完成 3–5 圈训练。

后蹬跑（Bounding）

后蹬跑

将后蹬跑动作视为一种超等长收缩跑，这意味着你的步伐将会完全打开，并有更多的跳跃。从一只脚弹跳到另一只脚，让你的身体轻轻着地，然后迅速向前跳出。当进行后蹬跑时，与正常情况相比上下运动幅度可以多些。 每次从一侧过渡到另一侧时，当一侧手臂向前时，另一侧膝关节向上快速抬起。在 50 英尺（15.24 米）的距离上完成 2 或 3 圈训练，或者在 25 英尺（7.62 米）的距离上完成 3–5 圈训练。

跑步时重复练习这些动作

现在你已经练习了所有动作，你需要开始跑步了。下面将介绍两种使转换更容易的锻炼方法。

进入跑步步态

首先原地跑，注意跑步的关键技术。慢慢应用赛格威前倾动作，让你的身体向前跑。短距离跑步时保持核心收紧，转身，重新原地跑，然后返回。

这就完成了一组实实在在的训练。每次训练时，你不需要完成所有动作，着眼于那些薄弱区域进行更多的锻炼。你调整跑步技术的能力越强，你的步伐就越有效率，随之而来的是跑步更容易、更流畅、更快、更少受伤。正如我之前所听到的，将训练变为肌肉记忆，那么跑步姿势将以神速进步。花点时间进行训练,即使这意味着牺牲一些跑步时间,这些训练也会给你长期回报。

以上四章强调了改善跑步基础的重要性。这很重要，即使它不像跑步本身那么有趣。然而，做这些练习和训练的时间与你的全部时间，甚至是跑步时间相比，简直是九牛一毛。除此之外还有其他时间我们也要注意，因为它们可能对我们整体的跑步核心健康同样重要。在最后一章中，我们将看到对跑步核心健康有直接影响的日常生活中的姿势和活动。

第十章 不跑步时的核心健康

早上醒来，你开始考虑跑步。你应该在一天开始时出门跑吗？还是等到午餐休息时再跑，或者在晚饭前挤出来时间跑？你要去哪跑步？也许是一些当地的小路、马路，或是健身房的跑步机？你应该跑多远，以什么速度跑？在阅读了关于核心的内容之后，我希望你进行更多的思考。你需要确保你的核心适合跑步。核心健康不仅表现在灵活性、柔韧性、稳定性和力量上，还应包括鞋子、日常姿势、职业、睡眠、饮食以及很多其他事情。

作为一名每天都要处理骨科伤病的医护人员，我想说的是，首先大部分跑步者的伤病不只是骨科伤病。很容易想到的是跑步者膝关节的疼痛可以通过休息、冰敷、拉伸及力量训练得到恢复，但需要进行更深入的思考。应该考虑与跑步有直接关系的其他变量，如鞋子、跑步的地面和地形，以及训练参数（如强度和训练量）。日常的决定也会影响你的跑步，比如鞋子、睡姿、驾驶姿势、饮食、压力，以及白天在工作和家中的姿势。即使你每周跑步 7 天，每天跑步 60–90 分钟，这个数字也只占整个星期时间的 5%。需要注意的是其他 95% 的时间也可以影响你的核心健康，从而影响跑步。

鞋子

你花了多少时间买跑鞋？大多数跑步者阅读有关跑鞋的知识，与跑友谈论跑鞋，然后在跑步用品商店让人们观看他们行走和跑步的方式，然后再购买。在大多数跑步人群中，鞋类是一个永不过时的话题，因为在跑步装备中鞋子是最影响你跑步的一件装备。你是穿一双简陋的轻便鞋吗？或者是一双高帮的厚重的鞋吗？还是穿一双更传统的跑鞋呢？

现在，每周穿几十小时的、平时穿的鞋是什么情况呢？大多数人上网订购一双，希望它们的尺寸合适，或者走进商店试穿，然后把它们带回家。你可能会更多地考虑你平时穿的鞋的款式而不是功能。

让我为你描绘一个情景。我在一个忙碌的矫形运动物理诊所工作，我周围的人都在跳跃、跑步和做练习。一个受伤的女强人，当然也是一名跑步者，在午休时间来诊所治疗足底筋膜炎，诉说其足底筋膜炎是怎么顽固，在几个月来一直困扰着她。自从开始跑步以来，她已经换了三双跑步鞋，尝试了一些拉伸运动，但似乎没有任何帮助。她问的第一个问题是，“我应该穿什么跑鞋？”然后，我看着她的脚。天哪！一双 3 英寸的高跟鞋。这种高跟鞋每天要穿 10 小时。

如果该患者的小腿有紧绷感，她可以每天进行 1 小时拉伸练习，但可能看不到任何改善。每当她穿上高跟鞋，小腿就会缩短，从而对运动链产生潜移默化的影响，缩短股后肌群，关闭臀肌，使骨盆更前倾，这与她一直梦寐以求的中立位姿势背道而驰。所以每天 10 个小时，她的核心一直处于错误的姿态，不能更好地跑步也在情理之中。

高跟鞋

现在，想象一下坚硬的工作靴，成天穿着它们会最大限度地减少脚的自然运动。看看你脚下的足弓，它就像一个弹簧，当你的脚踩到地上时会变平，然后在离开地面时反弹回来。如果你的脚用硬皮革和橡胶靴包裹，这根天然的弹簧将无法有效工作。如果缓冲减少，就会增加腿和脊柱的关节负荷。

另外，较厚和较硬底的鞋减少了身体从地面得到的反馈。想象一个热炉子，如果触摸一下，你手上的感受器会触发一次快速反应，从而在手被烫伤之前拿开。现在，如果你手上戴了一个薄手套，并触摸同一个炉子，那么在触发相同的反应之前，热量将需要 1 秒钟时间进行传递；如果你戴了厚实的烤箱手套，你可能根本感觉不到热量。你的脚也一样，你的脚和地面之间的东西越多，你所得到的反馈就越少，并且反应时间也越延迟。我们的肌肉需要快速且适当的调动顺序，如果脚的反应延迟，整个核心的其他结构的反应也会延迟。这并不意味着你需要赤足行走，但是如果你整天穿着皮靴，那么换上跑步鞋时对于你的身体来说可能是过于突兀的。

最后，想象一下男士的正装鞋。想想鞋的前面有多狭窄，甚至有一个尖尖的鞋头。这种鞋的形状和脚是否一样？同样，也许可以想象一下婴儿的脚，脚后跟窄，脚趾宽，脚趾尽量展开。婴儿的脚如此发育旨在让脚趾在运动中抓住地面。这些脚趾是身体的锚，对整体稳定性至关重要。如果我们脚上穿

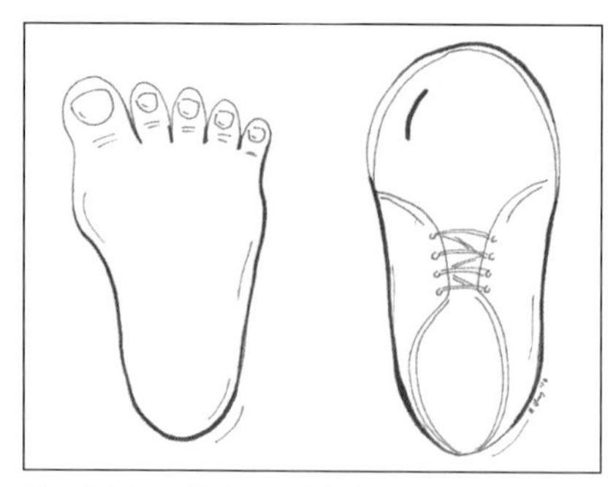

脚趾展开的婴儿的脚，圆头鞋能够使脚趾舒展开来。

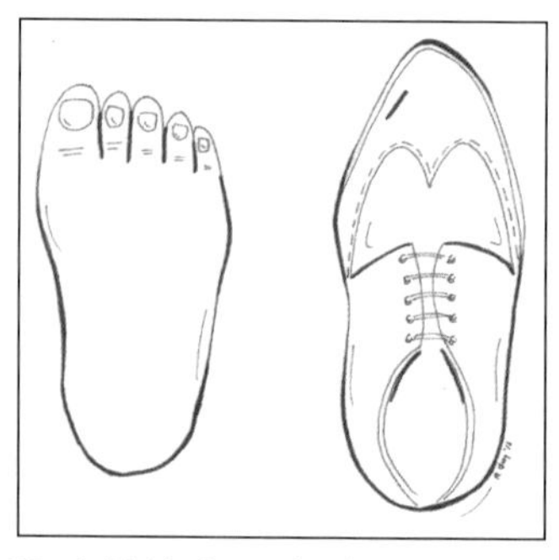

脚趾并拢有踇囊肿的成人的脚，看起来适合正装鞋。

上一双鞋头狭窄的礼服鞋，脚趾就不会自然地展开。这个密闭狭窄的空间会限制脚趾正常活动和运动的能力。如果没有适当的运动，足底筋膜就无法正常工作，身体运动的其他部分也会受到不良影响。

那么，你应该对平时穿的鞋注意什么？

鞋跟高度

鞋跟高度是鞋的后面与鞋的前面之间的高度差。具有较低的鞋跟，鞋跟高度较小，即较为平坦的鞋子，是理想的。

柔韧

鞋底应该能够弯曲，允许而不是阻碍脚的运动。

薄

较薄的鞋底使你的身体可以从地面获得更多的反馈。

鞋头宽度

更宽的鞋头可以让脚的前部和脚趾自然张开，有助于改善运动模式。

跑鞋固然重要，但并不是鞋类讨论的唯一部分。对平时穿的鞋更需要慎重的考虑，这可以帮助跑步者提高核心健康和整体跑步情况。当然，在某些时候，鞋子的功能或风格是安全或时尚所必需的。我并不是说你永远不能穿高跟鞋或工作靴，但要注意你穿这些鞋子的时间。另外，如果你决定更换鞋子，切记需要慢慢适应。我们的身体已经适应了现在的鞋子。如果你穿一种类型的鞋子的时间有几个月甚至几年，那么过渡适应穿不同的鞋子可能需要几个月甚至几年。一边聆听自己身体的感受，一边慢慢地适应新的鞋子，以确保不会受伤。

坐姿

你可能听过这样的声音，坐着如同吸烟。这是什么意思？基本上就是说坐着对你不好。当谈到中立位核心和适当的站姿时，回顾一下第六章。坐着不是很好的姿势，因为这不是自然的姿势。你坐得越多，对你的跑步阻碍越多。

大多数人工作时需要久坐，这将影响你的关节角度以及你的髋部和脊柱的姿势。

当你坐在椅子上，你的髋部屈曲约 90°，膝关节屈曲 90°，你的手臂在前面，多数时间是在键盘上。现在想象一下跑步姿势。上面两个情景中的姿势在关节角度上大相径庭，其中的主要负面因素之一是髋关节角度。

将髋关节屈曲 90° 并持续很长时间，这会令你的髂腰肌处于缩短的姿势。你坐得时间越长，你的身体就越适应这个姿势。当你站起来走路的时候，身体必须重新适应。如果你的屈髋肌紧张，走路时，你的躯干会从髋部向前弯曲，或者你的躯干是垂直的，但是你的髋部会向前倾斜，同时腰椎会向前拱起。这会形成剪刀开口征的姿势。你可以通过拉伸屈髋肌以及在中立位稳定核心来纠正它，但如果我们不改变或限制白天的坐姿，这将是站姿和坐姿之间的一场艰苦战斗。一天坐 8 小时，之后拉伸几分钟，这样永远不会在两者之间获得平衡。

第一个改变是尽量减少坐姿时间。将静态坐姿限制在一次不超过 20 分钟。在你的办公桌上使用计时器来提示姿势变化。当计时器关闭时，起身并活动。去洗手间或者喝口水，做 5 次下蹲，任何事情都可以打破坐着的单调乏味。如果经常起身运动不现实，至少要改变姿势。尝试单膝跪，就像你在做屈髋肌拉伸一样。你可以从一侧膝换到另一侧膝并交替进行，也可以双膝跪下。

可以站一会，站立时，试着将你的姿势调整好。将一只脚放在前面的一个椅子或下台阶上，或者保持膝关节稍微弯曲，两腿交替进行该动作。所有这一切的关键是变化。人类身体的姿势并不是固定的，所以你一天能进行的动作越多越好。

如果你必须久坐，那就以更好的姿势来坐。懒散地坐在桌子旁或沙发上会增加脊柱的负担，将导致肩下垂，以及头向前突出。我想没人想以这种姿势跑步，所以尽量不要这样坐。

想想直立的脊柱，它不需要垂直。如果你使用笔记本电脑工作或者在桌面上工作，身体向前倾斜效果可能会更好。要做到这一点，坐在椅子上，不要使用靠背支撑。脚面稍微弯曲，使膝盖所在的平面比髋部更低。如果你使用的显示器与视线水平，那么脊柱更靠近垂直的姿势会更好。为了解决这个问题，可以尝试在头顶顶一本书。如果书一直保持不动，说明你没有把头向下倾斜太多。但是，再次强调，应该变换各种姿势。

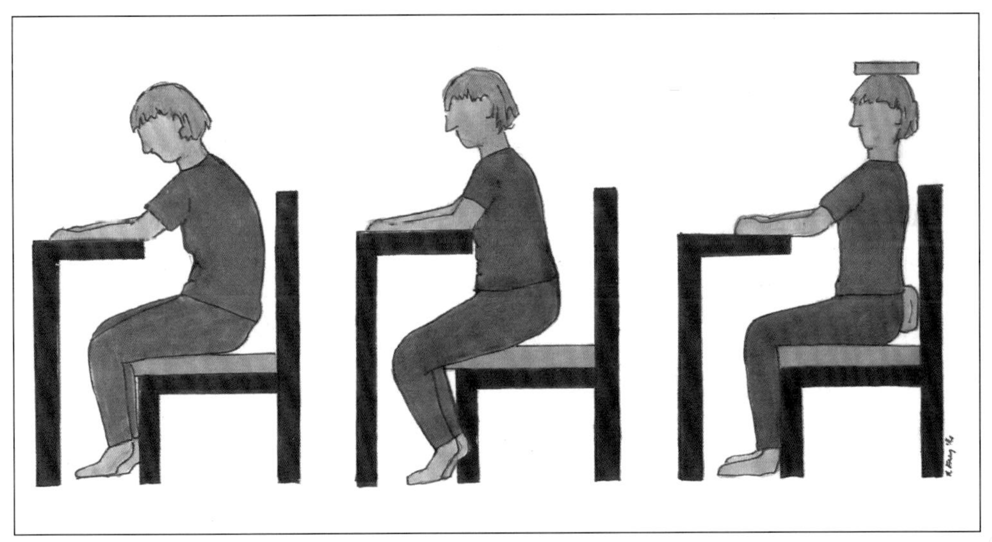

从左至右：不良坐姿；使用笔记本电脑或在桌面工作时的良好坐姿；使用显示器进行工作时的良好坐姿

如果你必须保持坐姿，偶尔可以通过使用靠背来改变上面的姿势，将一小卷毛巾放在腰背后可以帮助找到一个更好的核心姿势。另一种变化是通过增加一侧坐骨的压力将重心从右侧移到左侧。你也可以旋转你的髋部，使一侧髋部更靠近椅背。一定记住要活动起来——不一定是要走路或站立，但至少要改变姿势。

回顾第六章中的摊手练习，这是一个很好的练习，可以在一天中随时进行。这不是为了让你疲劳，而是为了唤醒并建立更好的姿势。在你的工作地点准备一个轻阻弹力带，并在白天每隔 1–2 小时练习 15 次，这将有助于你保持活力。

驾驶姿势

汽车为人们提供了舒适，但对你的核心来说并不总是最适合的。如果你每天的驾驶时间不到 20 分钟，就没有什么可担心的。但是，如果你每天花费更多的时间驾驶，你需要重新考虑驾驶姿势。

多数汽车会使你稍微靠在座位上，这种坐姿是可以的。确保座位没有调整得太靠后。还要注意你的座位底部，它应该相对平坦，这样髋部所在的平面就接近或者刚好在膝盖的高度之上，这对于一些座椅来说很难做到。将卷起的小毛巾放在髋部下面或坐在楔形垫上面将有助于最佳地对齐核心。座椅上的内置腰部支撑或在腰后部卷起的毛巾也可以帮助你保持更好的姿势，它不能强迫你换一个新姿势，但是能提醒你保持姿势。

我在长途驾驶时使用的提醒方法是注意我在镜子中看到的东西。第一次上车的时候看看镜子，如果镜子定位良好，你应该能够看清你周围的空间。开车时，人会变得愈发懒散，这使你很难从反光镜，尤其是后视镜中看清周围空间。发生这种情况时不要调整镜子；相反，重新坐好，确保你现在在镜子中看到的与开始时一样，这将有助于你保持更好的姿势。

站立姿势

我们在第六章详细讨论了站立姿势，特别要保持中立位的核心姿势，不要让自己的呼吸和核心姿势过度放松。如果你站立的时间较长，尽可能对你的姿势做一些微小的改变。左右转移重心，或者把一侧膝放在你前面的一个低矮的台阶或凳子上。你也可以使用第九章中的赛格威练习来帮助建立合理站姿。站立时偶尔加入 1 分钟赛格威练习，这将有助于保持核心的活跃状态。使用站姿工作台也是有益的。

行走姿势

当你从站立过渡到行走时，记住骨盆和脊柱保持中立。手臂轻松地两边摆动。抬头，保持视线向前。如果你需要行走较长距离，请尝试旋转手掌，掌心向前，保持这个姿势摆动几次手臂，这将有助于打开你的胸部和肩部。

睡觉姿势

睡觉的姿势是没有体重负担的，也不会对核心造成太大影响，然而并不能将其忽视，因为它占据了你的大部分时间。 仰卧或侧躺的睡姿能使自己更好地对位。如果你习惯于仰卧睡，那么请仰卧在表面较硬的床上。 如果这样不舒服或者你的背部在床垫上高高拱起，睡觉时可以将一个小枕头垫在你的膝下。如果你侧躺着睡觉，那么请稍微弯曲膝关节，但不要太多。膝关节弯曲的程度越大，你的髋部就将处于越短缩的位置。在两膝之间放一个小枕头，让你在侧卧睡眠时髋部和脊椎保持在一条直线上。

日常运动

认识到除行走之外的日常行为是怎样对核心和跑步产生消极或积极影响的，这是非常重要的。我们将把重点放在两个动作上：下蹲和前屈。

下蹲对日常生活很重要，它是儿童在 12–18 个月大时开始的动作模式。我们从椅子上、汽车里、浴室里坐下、站起都会有下蹲动作。下蹲也可以用来将物体举离地面，特别是重物。我们常常这样做，且需要做得很好，请参阅第八章中的好的下蹲技巧。在日常生活中尽可能地将这些技巧整合在一起，它将使运动模式变得更好，并减少对关节的压力。

前屈和下蹲一样重要。当你无法下蹲，而需要向前前屈时，注意应该从髋关节屈曲，而不是脊柱。髋关节铰链屈曲模式与第八章所述的罗马尼亚硬拉动作相同。与下蹲类似，在你的日常活动中应重视这个动作。

营养

我不是营养专家，因此不会在这里进行深入探讨。但是，营养对于核心健康和健康生活至关重要，所以不能不提。

腹部和臀部储存更多脂肪的超重人群如果希望建立健康核心姿势会遇到极大的挑战。想象一个大肚子的人，圆滚的肚子使腹壁及核心肌肉扩张。如果这个区域过度拉伸，它将无法正常发挥作用，同时会限制保持中立位核心姿势的能力。没有中立位姿势，将很难发挥最佳的跑步技术。

我关于营养的建议：

自我学习

多方获取信息。现如今市面上的书籍良莠不齐，你需要学习怎样才能为自己和自己的需求做出最好的选择。想要获得有效信息，请尝试搜索以下内容：Nutrition.gov，美国国家医学图书馆（National Library of Medicine），美国营养学会（American Society for Nutrition）或由哈佛大学公共卫生学院提供的“营养来源”（The Nutrition Source）。

寻求帮助

咨询营养专家，检查你的个人营养情况，并获得指导。任何人都可以称自己是营养师，有些并不一定有认证或执照。找一个注册的营养师或认证的营养专家。这些人不仅学习了学位课程，通过了考试，而且持有营养执照。

能量平衡

营养可以被看作是通过饮食摄入的卡路里与基本的功能活动（如呼吸、思考和锻炼）消耗的卡路里之间的平衡。如果摄入的卡路里比消耗的卡路里多，则需要将多余的卡路里储存在体内，体重增加；相反，如果你消耗的卡路里比你摄入的卡路里多，体重则会下降。

质量胜于数量

我喜欢把卡路里的质量想象成火炉中木头的种类。如果你把一块硬木放在炉子里，需要一段时间才能燃烧。但是，如果你把一块软木放在同样的火中，它会燃烧得更快。同样，消耗脂肪或蛋白质需要更长的时间，这意味着跑步时能量将持续更长时间。如果你消耗更容易代谢的含糖颗粒，这会导致你容易疲劳或者在你跑步时需要其他替代品。

更少的包装通常更好

盒子的层数、包装纸和密封胶层越多，通常意味着对食物进行了更深入的加工，应寻找纯天然的食物或那些未深加工的食物。

配料更少比较好

比较两种番茄酱。一种有 3 种配料，另一种有 15 种。 3 种配料的番茄酱肯定含有人们需要的物质，可能少含人们不需要的物质；而有许多配料的番茄酱可能含有高果糖玉米糖浆、填充物和防腐剂，这些都是不必要和不健康的。避免转基因、农药喷洒、含有生长激素，或来自抗生素饲料来源的食物。

种瓜得瓜，种豆得豆

饮食健康是保持身体健康的关键。如果经常吃垃圾食品，你的基本健康状况将会很差。

这涵盖了我们日复一日在做的影响核心的许多事情。如果你打下了很好的基础，那么你需要做的补救就会越少，这意味着你有更多的时间做有趣的事，比如跑步。如果我们能够更好地关注日常核心健康，那么在第六章到第九章中介绍的练习和训练便更易完成。你的健康和生活方式结合得越紧密，你受伤的概率就更低，运动效果也就越大。

现在，运用你在这本书中学到的东西，让你的核心更健康，这是为自己负责。只要记住：生命的真谛在于不断变化；聆听自己身体的感觉——它会告诉你哪里出现了问题；跑步时保持快乐的心态。跑步是上天赐予我们的礼物，所以享受迈开腿跑步的时间吧！

坚持，继续跑下去！

附录：制定核心常规训练计划

现在你可以把所有的练习放在一起，制定完整的核心常规训练计划。回想你在本书中学到的所有，信息量似乎有些大，甚至不切实际。以下内容可以为制定个性化核心训练计划提供帮助。你也可以在同一天完成身体其他部位的练习。例如，你可以将脚踝的力量练习加入到你已经进行的核心稳定性和力量练习中。

请记住，这只是一个框架，而不是适用于所有人的固定表格，内容应因人而异。最后，根据你的跑步目标，在训练周期中这个计划可能会发生变化。例如，在重要的比赛之前，你可能会提前几个星期减少训练强度。在此期间，你可能需要更多地关注软组织的柔韧性和灵活性。

怎样完成下面列出的练习，请参阅书中的相关章节。

核心常规训练计划概要

呼吸练习（第六章）

在核心力量 / 核心稳定性练习之前进行。将其作为热身，有助于在跑步过程中建立更好的身体姿势。如果刚开始这些练习，你需要花费3–5分钟完成。如果能够熟练掌握，那么可以在每次常规训练之前进行2–3分钟练习。也可以根据需要在跑步及跑步训练之前进行这些练习，这样有助于建立良好的身体姿势。在每个练习单元训练时可以挑选两个姿势练习，并且每次选择可以变化。

呼吸姿势的进阶

1. 平躺，足部辅助支撑，髋部和膝关节均屈曲90°。
2. 平躺，膝关节屈曲并将脚放在地面上。
3. 双手和双膝四点着地。
4. 平躺，腿放平。
5. 坐在小台阶上，后背略弯曲。
6. 站立。

软组织灵活性（第七章）

主要在跑步当天进行，如有需要也可以在其他时间完成。

跑步前：

每周多数时间每个部位进行30秒练习。身体更绷紧的部位需进行30秒额外练习。

跑步后：

在更艰苦的练习之后，在增加跑步距离期间，或在全力比赛时再次进行练习。

关注的区域：

- 内收肌
- 屈髋肌
- 股四头肌
- 阔筋膜张肌 / 髂胫束（TFL/IT 束）
- 臀中肌及髋部外侧
- 臀大肌
- 梨状肌及髋部回旋肌
- 股后肌群
- 腰部软组织
- 胸椎

静态拉伸（第七章）

在跑前或不跑步时完成。根据需要在跑前练习，但是应该在进行 10 分钟热身后执行。

完成 2–3 组，每次拉伸保持 30–60 秒。主要拉伸紧张的部位，无需每次完成所有静态拉伸动作。

- 内收肌
- 髂腰肌
- 股直肌 / 髂腰肌
- 阔筋膜张肌 / 髂胫束（TFL/IT 束）——站立香蕉式
- 股后肌群——触摸脚趾
- 臀大肌和臀中肌
- 梨状肌和回旋肌——改良鸽式

· 胸椎旋转

· 腰椎和胸椎——婴儿姿势

动态拉伸（第七章）

根据需要在跑步当天、跑步前及跑步过程中进行。

行走 25 英尺的 8 种动态拉伸

每次行走过程需完成 25 英尺。每步保持 3–5 秒。

1. 最伟大拉伸
2. 站位超人姿势
3. 摇篮抱腿
4. 抱膝动作
5. 直腿行军步（Frankensteins）
6. 交替触摸脚趾

下面练习每侧进行 25 次重复。

7. 向前 / 向后摆腿
8. 侧摆腿

核心稳定性及核心力量（第八章）

每周进行二三天。在从每个类别（力量和稳定性）中选择 2–3 个练习，每天进行 4–6 个练习。每天选择不同的核心力量和核心稳定性的练习。记住练习等级系统：初级（B），中级（I），高级（A）和专业级（E）。完成具有挑战性且同时能够很好地控制的练习。循序渐进，但不要忘记更基本的练习，创造不同的组合并不时重温一下是很有趣的。

为了提高效率和整体效果，请尝试循环练习。要做到这一点，从每个类别中选择二或三个动作，配对。以交替方式完成这一对，不要休息。在一个循环之后休息 1–2 分钟，然后开始下一个循环，再在不同对之间交替进行。

核心力量

蚌壳式进阶：2–4 组，每组重复 15–25 次。

B—蚌壳式

B—反蚌壳式

A—超级蚌壳式

E—终级蚌壳式

弹力带行走：2–4 组，每组走 20 英尺的距离

B—弹力带侧向行走

I—怪兽行走

I—火车轨道行走

A—交叉步行走

抬/踢腿：完成 2–4 组，每组 15–25 次重复。

B—三方向抬腿

B—后抬腿

I—“汽船式”站立四种方向抬腿

I—侧卧跑步者

下蹲进阶：2–3 组，每组重复 10–15 次。

B—双腿下蹲

I—双腿手提箱下蹲

A—单腿下台阶

E—单腿手提箱下蹲

罗马尼亚硬拉（RDL）进阶：2–3 组，每组重复 10–15 次。

B—体操棍辅助的双腿 RDL

I—抗阻两腿 RDL

A/E—抗阻或非抗阻的单腿 RDL

E—飞机式

*E—北欧卷曲（Nordic Curl）

核心稳定性

桥式动作进阶：2–4 组，每组重复 10–15 次。

B—双腿桥式

I—弹力带交替跨步桥式

A—单腿桥式

E—瑞士球屈膝单腿桥式

平板支撑进阶：完成 3–5 组，每组保持 30–60 秒或 5–10 次呼吸。

B—平板支撑

I—平板支撑分腿走

A—球上平板支撑

E—搅拌罐练习

E—瑞士球行走

侧平板支撑进阶：完成 3–5 组，每组保持 30–60 秒，或 5–10 次呼吸。

B—侧平板支撑

I—抗阻控制侧平板支撑

A—侧平板支撑转体

跪撑进阶：每一侧完成 2–4 组，每组重复 10–15 次或每组 3–5 次重复，每次姿势保持 3–5 次呼吸。

B—跪撑伸腿

I—鸟狗式

A—熊爬

仰卧姿势进阶：2–4 组，每组重复 10–15 次，或者每侧重复 3–5 次，每次将姿势维持 3–5 次呼吸。

B—90/90 保持姿势

I—仰卧伸腿

A—死虫动作

A—夹球动作——仰卧手腿交替伸够

单膝跪 / 弓步进阶：第一个姿势，窄距单膝跪保持，每侧应该完成 2–4 组，每组 30–60 秒，或者每组完成 5–10 次呼吸。其他动作练习需重复更多次，对于这些动作，每侧完成 2–4 组，每组重复 10–15 次。

B—窄距单膝跪保持

I—伐木动作

A—弓步抗扭转推

A—膝关节抗阻弓步

E—弓步站起

站立动作进阶：对于前三个动作，每侧完成 2–4 组，对于直升机动作，每个方向完成 2–4 组，每组 30–60 秒。

B—抗阻摆臂

I—抗阻抬膝

I—提箱行走

E—直升机动作

跑步技术练习（第九章）

每周至少有 2 天进行跑前训练。从第一组中选择三项，每天练习一项。第二组需要全部练习。第二组应该是热身的延伸，尤其是在大强度训练日更应该进行。

原地的练习（标记为 *）需重复三次，每次 30–60 秒。其他练习可以在 50 英尺的距离上完成 2 或 3 圈，或者在 25 英尺的距离上完成 3–5 圈。

第一组：

· 双腿赛格威练习 *

· 单腿赛格威练习 *

· 核心控制的摆臂练习 *

· 扶墙练习 *

· “进攻的公牛”刨地 *

· 滑冰式跳跃

- 100 次抬腿练习 *
- 弹力带跑 *
- 跑跳
- 节奏跳跃 *
- 原地跑 *

第二组

- 踢臀跑
- 高抬腿跑
- 侧向滑步
- 交叉步侧走
- 行进 A 练习
- 行进 B 练习
- 跨步跳 A 练习
- 跨步跳 B 练习
- 后蹬跑
- 进入跑步步态

致谢

感谢我的妻子朱迪对我的事业给予了大力支持，她在一年中不厌其烦地与我谈论本书。给她点赞！

布雷登和梅森，我那精力充沛、调皮捣蛋的儿子们，他们亲自上阵向我展示了天生的跑步者的样子，同时展示了核心力量的真实发展过程。

斯科特·道格拉斯，鼓励我接受这个挑战，让我的文字读起来比以往任何时候都好。

艾琳·斯劳特自告奋勇地帮助整理章节。

史蒂芬·费尔菲尔德，用其耐心和天赋拍摄了这些令人难以置信的照片。

瑞贝卡·弗雷，熟练地制作了艺术感强烈的标题与插图。

史蒂夫·夏伯特和塞尔比·卡普兰，他们是有趣、充满热情、有型的模特。

教练罗恩·赫尔曼给了我强悍的意志：他教会我怎样跑 2× 4 并向我传授了关于跑步的屠龙之技。教练马文·伯科威茨在我的运动生涯早期为我展示了跑步技巧的重要性。教练吉姆·费舍尔在我的大学时代几乎每天都陪在我身边，培养了我的独立性。

感谢我的同事和病人，每天帮助我在专业上成长，并不断挑战我的临床诊断推理。

最后，感谢我的父母教会了我有志者事竟成。